走进美国法学院

王 晨 著

南开大学出版社

天 津

图书在版编目(CIP)数据

走进美国法学院/王晨著.—天津：南开大学出版社，2015.10
ISBN 978-7-310-04840-3

Ⅰ.①走… Ⅱ.①王… Ⅲ.①法学－学院－介绍－美国 Ⅳ.①D90-40

中国版本图书馆 CIP 数据核字(2015)第 144270 号

版权所有　侵权必究

南开大学出版社出版发行
出版人：孙克强
地址：天津市南开区卫津路 94 号　　邮政编码：300071
营销部电话：(022)23508339　23500755
营销部传真：(022)23508542　邮购部电话：(022)23502200

*

河北昌黎太阳红彩色印刷有限责任公司印刷
全国各地新华书店经销

*

2015 年 10 月第 1 版　2015 年 10 月第 1 次印刷
230×155 毫米　16 开本　10.75 印张　132 千字
定价：24.00 元

如遇图书印装质量问题，请与本社营销部联系调换，电话：(022)23507125

给准备读或正在读美国法学院的伙伴们

前　言

《2012年中国教育在线出国留学趋势调查报告》显示，21世纪以来，随着经济全球化、科技一体化的发展及中国经济条件的提升，越来越多的人选择出国留学，中国留学人员数量急剧上升，规模空前，成为世界上最大的留学生生源国。根据2012年美国驻华大使馆发布的《开放门户报告》数字显示，美国2011～2012年留学生数量增长6%，其中中国生源数量增长23%，达到19万之多，占美国76万留学生的25%。中国持续保持美国第一大留学生生源国地位。

自2007年起，出国留学人数出现井喷式增长，是继2000年初后的又一次快速增长期。2007～2011年，连续4年增长比例均超过20%（2011年为19%），2012年出国留学人数逼近40万，但是增速有所放缓。从1978年至2012年，出国留学人数约达265.51万人。[①]

而在《2014年中国教育在线出国留学趋势调查报告》中显示，2013年中国出国留学总人数为41.39万人，比2012年增长了3.58%。[②]

同时，在《2012年中国教育在线出国留学趋势调查报告》中还有一个重要的数据不可忽视，在留学生留学前的专业分布图中有6%的学生为法学专业[③]，在留学生攻读研究生专业[④]分布中有7%

[①] 《2012年中国教育在线出国留学趋势调查报告》，中国教育在线编著，第3页。
[②] 《2014年中国教育在线出国留学趋势调查报告》，中国教育在线编著，第1页。
[③] 《2012年中国教育在线出国留学趋势调查报告》，中国教育在线编著，第9页。
[④] 在以美国为代表的多数留学生向往的西方国家，法学类专业全部为研究生类专业。

的学生选择了法学和政治类专业①。参考上述数据,也就是说每年会有近3万中国学生留学海外攻读法律,这3万人中大约有2.5万人为法律专业毕业,5000人为非法律专业毕业。而报告中数据显示,中国留美学生总数占中国学生自费留学实际去向国的30%②,依此推算每年远赴重洋到美国修学法律的学生多达近万人。

  法律专业的学生都知道,美国属于普通法系国家,以判例法为主要的法的渊源,而中国则以成文法为主要的法的渊源,并且中美两国在主要的法典编纂、术语、诉讼程序和判决程序上都有着很大的差别。除此之外,对中国留学生影响更大的是两国法学教育的形式和特点不同,尤其是美国法学院的录取方式对中国学生来讲更是陌生的。即使已经被法学院录取,进入法学院后,全新的教学方法和教学要求对中国学生来讲都是一个新的挑战,这些挑战不仅是形式上的,更多的是文化上的和习惯上的。这不仅挑战着每一个留学生的毅力,也挑战着每一个留学生的精神和肉体。

  笔者在美国法学院留学过一年,经过了这种煎熬和炼狱后,更想把自己的经验和感受分享给那些为了自己的理想正在准备或刚刚进入美国法学院就读的伙伴们,希望这本书能为你们的法学院之旅带来帮助。也由于笔者仅在美国法学院修习了一年,对法学院的了解尚属管中窥豹,书中不可避免地存在很多不足之处,欢迎大家批评指证,我将及时修改,集大家之力完成此书,为有志于远赴重洋修习法律者带来帮助。

笔者:王晨

---

① 《2012年中国教育在线出国留学趋势调查报告》,中国教育在线编著,第10页。
② 《2012年中国教育在线出国留学趋势调查报告》,中国教育在线编著,第21页。

目 录

第一章　美国法学院 …………………………………… 1

　第一节　美国法学院介绍 …………………………… 1
　第二节　美国法学院学位介绍 ……………………… 7
　第三节　美国法学院毕业生出路 …………………… 18

第二章　美国法学院申请指南 …………………………… 24

　第一节　如何寻找法学院 …………………………… 24
　第二节　哈佛、华盛顿还是洛约拉 ………………… 29
　第三节　申请资料的准备 …………………………… 59
　第四节　录取 ………………………………………… 100

第三章　美国法学院生活 ………………………………… 109

　第一节　美国生活一览 ……………………………… 109
　第二节　入学准备 …………………………………… 116
　第三节　学习生活 …………………………………… 121
　第四节　考试和毕业 ………………………………… 131

第四章　美国法学院基本学习技能 …………………… *135*

　　第一节　美国法律逻辑基础与 IRAC …………………… *136*

　　第二节　判例法记忆神器 Case Brief …………………… *140*

　　第三节　如何撰写 MEMO …………………… *145*

　　第四节　美国法律研究 …………………… *150*

参考文献 …………………… *157*

后记 …………………… *158*

附录一：UNITED STATES STATE AND TERRITORY ABBRE-
VIATIONS …………………… *159*

附录二：FEDERAL REPORTERS …………………… *161*

附录三：WEIGHT OF AUTHORITY …………………… *162*

第一章　美国法学院

第一节　美国法学院介绍

美国是世界上律师人数比最高的国家,根据统计,美国人口虽不足世界总人口的10%,但却拥有着世界上70%的律师。这样高的律师比例不仅体现了美国法制社会的特点,也从侧面反映了美国法律教育的强大。作为一个联邦制国家,美国在联邦法外,各个州还有自己的法律。在美国,整个社会的运转和各种利益关系的处理全部是以法律为准则的,一切有法可循,一切严格依法办事,这使得美国成为一个成熟的法制国家。这种情况下,律师成为了美国社会的一个重要职业。由于美国的法学院强调学生的思考、分析和表达能力,美国政界和商界的很多杰出人才都是名牌法学院的毕业生,如现任总统奥巴马毕业于哈佛大学法学院,和克林顿是同一个学院的校友,而布什则毕业于耶鲁大学法学院。再加上美国律师普遍属于高薪阶层,这使得进入法学院成为很多美国大学生的梦想。而与这些青年的梦想相对应,美国之所以成为今天这样的法制国家,和法学院源源不断地培养人才,并维护法律精神有很大的关系。

一般人认为美国拥有全世界最高的律师比,那么它的法学院一定很多。与之相反,实际上美国正规法学院的数目并不多,比商学院和医学院要少得多。这是因为美国律师协会把法学院作为"律师职业的守门人",对法学院的质量有严格的要求。在美国,美国律师协会（ABA）认定的法学院不超过200所，如果要参加律师资格考试和当律师，必须是这些法学院的毕业生。律师协会每年都要对这些学院进行评估，以保证它们的质量。除此以外，还有数量不小的非正规法学院，其中包括州律师协会承认的法学院，但是这些学院的毕业生只能在本州执业，或者做律师助手。而且并不是所有的法学院都适合中国学生去报考，在报考以前，中国学生必须学会去寻找适合自己的法学院。

很多留学生都希望自己能够成功地从法学院毕业并成为一名出色的律师，但是他们不知道自己的成功并不是从进入法学院的那一天开始的，成功要始于对法学院的选择。对大多数中国学生而言，在选择报考院校的时候并没有过多地去考虑和了解美国的法学院，很多申请者心仪一所法学院只是因为这所法学院的排名靠前，或是因为法学院所在的大学非常有名。的确，优秀的排名和显著的名誉能够从某些方面说明这所法学院的竞争力，但是，这些并不是全部。即使是排名相似，甚至在很多地方都让人感觉一样的法学院，也会有它们的不同之处。

中国学生习惯于搜索最新的全美高校排名和专业排名，然后结合自己的法学院入学考试（LAST）或托福考试（TOFEL）成绩去查看相应学校的录取标准，在自己分数符合的情况下，结合学校所在地区和排名来确定报考学校。同样的，当我们拿到录取通知（OFFER）的时候，可能有以下两种情况：一种情况是拿到了多个学校的OFFER，那么这时选择的标准几乎就是唯一的了，那就是以学校的排名为标准，哪个学校排名靠前就选择哪个学校。之所以说是"几乎"，因为还会有其他因素影响学生的最后决定，比如说地域，加州和纽约的学校在很大程度上比中部的学校更吸引人，因为那里有更多的和社会接触的机会。再比如说奖学金，虽然美国法学院对奖学金的发放采取审慎态度，但并不表明中国学生无法得到奖学金。笔者读书的时候，一起录取的10个中国学生中就有4

第一章 美国法学院

个获得了奖学金,其中一个还是学费全免。对于家庭经济条件相对紧张的学生来说,奖学金和学费要求也是一个重要因素。毕竟,It's law school! 法律一直是美国高校中学费最贵的专业之一。另外一种可能,就是报考前广泛撒网,最后拿到了一个学校的OFFER,那么就不再考虑任何问题了,直接签证、报到、上学!

然而,这里要告诉你的是,这些都不应该是你最后决定读哪所院校的根本原因,要正确地选择院校必须充分考虑你的自身情况和院校特点,选择适合你的法学院!

选择适合自己的法学院首先要考虑自己的需要和个人情况。如果你能够找到一所法学院,它的课程安排、教学要求、学生之间的竞争与合作关系都符合你个人的生活和学习习惯,那么你将会在一种愉快的心情中完成你的法学院之旅,进而成为一名优秀的律师。反之,你可能会有一段失败的经历。首先,大多数的法学院都会给学生布置大量的课前阅读材料,这些材料对留学生而言往往要耗费5~6小时,因此在晚上12点以前入睡是基本不可能的,笔者在美国华盛顿大学法学院就读的一年中就从未在凌晨2点以前睡过觉,那么这就是选择是否就读法学院的一个因素。有些学生喜欢熬夜通宵的看书,喜欢这种充满竞争力和挑战性的学习生活,那么他将会很快适应法学院的生活,进而成为一名优秀的学生;相反,也有些学生会因为身体的原因无法接受这种长期的压力和熬夜,坚持就读法学院并不一定会给他们的人生带来辉煌,毕竟美国的法学院是学生患心理疾病概率最高的学院,而且基本上每个学院每年都会有因无法完成学业而拿不到毕业证的学生。

接着,一个重要因素就是法学院的声誉和认可度,这个也就是我们在很多时候非常看重的排名和相关地位。美国的US NEWS 每年都会给出它们的排名,这个排名给了申请者和用人单位以最简单直接的对法学院的评判方式,所以在很多时候成为法学院划分的重要依据。美国的法学院很多,但是获得美国律师协会认证的法学院只有不到 200 所。美国的法学院我们可以分为 5 个级别来看待。第一级别就是我们常说的"顶尖"法学院 Top 10，也就是排名在前的 10 所大学法学院。说是 10 所，其实并不限于 10 所，这样的大学大约在 15 所左右，这些法学院相对而言水平接近，而且一直稳定在前 15 名到 20 名以内，包括哈佛大学、哥伦比亚大学、耶鲁大学、斯坦福大学、纽约大学、芝加哥大学、宾夕法尼亚大学等私立大学和加州大学伯克利分校、密歇根大学等公立大学，也包括康奈尔大学、杜克大学、南加州大学和加州大学洛杉矶分校等。第二级别就是一般被认为排名不会进入前十而又非常优秀的"精英"法学院，这些法学院一般排名在 11 到 35 之间，这一类的法学院是经常变动的，既包括经常在排名榜这个排位区出现的法学院，也包括偶尔出现在这个排位区但是被公众所认可的法学院，甚至还包括一些几乎没有出现在这个排位区但是自认为或被公众认为是这个排位区的法学院，这样的学院大约有 20～30 个。第三级别大约有 100 所左右的法学院，这些法学院既没有出现在前两个"顶尖"或"精英"的级别，也没有把进入这两个级别作为自己短期内的追求目标，而是按照他们自身的教育传统来开展教学，并保持着自己的教育特色。这些学院有的是新学院，有的是美国州立大学的法学院，它们的录取要充分考虑本州居民的录取率和受教育情况，这些因素都会制约着它们的排名。在美国的很多大城市，一个城市内可能会有两个以上的法学院，这些法学院都会根据自身的情况来形成特定的招生对象、教学传统和专业发展方向，同在一个城市却各有各的特点，而这些正是我们在选择法学院时特别要考虑的问题。由于勤奋好学和成绩突出，大多数中国留学生，尤其是法学研究生都会在这 3 个级别中选择自己心仪的法学院。第四级别的法学院是指在前三个级别以外存在的，刚刚符合法学教育的最低要求，缺少充分的条件和资源的法学院，甚至在有些时候它们还会被美国律师协会拒绝认证。这些学院往往具有迷惑性，因为我们很难准确地了解到它们在美国律师协会的认证情况,但是幸运的是这样的学校很少。除了前四个级别以外,更多的法学院是在第五级别。第五级别的法学院指的是没有获得美国律师协会认证的法学院,这些法学院一般只有其所在州的办学许可,相应的,它们的毕业生也只能参加所在州的律师资格考试。

第三个要考虑的因素是法学院的地理位置。在美国某些大城市会有多个法学院,比如洛杉矶周边就有加州大学洛杉矶分校(UCLA)、南加州大学(USC)、佩珀代因大学(Pepperdine University)和罗耀拉玛丽蒙特大学(Loyola Marymount University)4所排名在前100的法学院,还会有一些法学院分布在中型城市或者部分州的首府所在地,也有一些法学院会在小的城市甚至乡镇。即使是同在一个城市的多个法学院也会有不同的地理分布,有的在市中心,有的在市郊,而这些地理分布在很大程度上影响着这些法学院的教学和招生。比如说,在招生的多样性上,从统计数据来看,坐落于大都市的或市中心的法学院会吸收更多的国际学生,从而提高法学院学生的多样性;而位于市郊或小城镇的法学院则更多地倾向于招收美国本土学生。再比如,位于城市商业中心或者临近政府部门、法院的法学院会有更多的机会邀请到官员、法官、著名律师、大公司的法律顾问或著名职业经理人到校参与教学,这样无疑会为在校的法学院学生提供很多实践的机会,而且这些法学院的地理位置也使学生可以更多地融入到社会工作中去,进而增加他们的实习机会,为今后的就业打下基础。

第四个因素是全日制(FULL—TIME)和业余(PART—TIME)的区别。很多美国法学院既提供白天的课程,也提供夜校课程。相对于全日制的白天课程班而言,夜校课程班的学生似乎更为辛苦,他们要白天上班、晚上上课。一般来讲PART—TIME的学生年纪会偏大一些,但是他们会有更多的社会经历,这为他们的法学院学习带来帮助。夜校学习可以解决学生的一些经济困难，他们可以白天打工获得收入以支撑他们的学费。但是，持有留学生签证的人是不被允许在美国打工的，这一点一定要牢记。

第五个因素是关于法学院的课程设计。尽管从整体上看所有法学院的课程非常相似，但是在这些相似的课程之间还是存在着差异，而这些差异往往决定着是否符合你的专业发展需要。换句话说，这就是选择"你的法学院"的一个重要因素。不同的法学院都会努力通过课程建设来使得自己的法学教育更为特殊化，有的法学院会提供一些特设的课程或者更为前沿的课题；有些法学院会针对某一研究领域提供更多的实践支持；还有一些法学院会聘用在某一领域非常有名的教授来讲授，以保证其在该专业的领先地位。在研究方向上，有些法学院更注重于理论研究，有些法学院则倾向于对实际政策或法律条文的研究，还有很多法学院会受到其地理位置的影响而侧重于对商业或工业的某些法律问题开展研究。比如西海岸的法学院，由于好莱坞影视业的发展，很多都开设了娱乐法学课程。

当然，充分考虑了这些因素以后，我们选择了自己喜欢的法学院，入学以后可能还会有很多不满意的地方，还会对自己的法学院之旅有新的要求。很多留学生虽然在入学以前与法学院进行了充分的"沟通"，但是入学后发现自己心仪的课程或者钦佩的教授却由于某些原因没有出现在自己的供选择的课程目录里，还有些学生在入学就读后会发现自己并不适合这所法学院，那么他可以提出转学或者到外校修习。

一些法学院会同意并承认其他法学院的学分和课程，这样留学生就可以申请到其他学校修习一部分本校并没有提供的课程。还有少量的法学院允许学生转学，但是转学的名额是非常有限的，大多数法学院的招生名额是非常紧张的，接纳转学的学生往往是在新生退学或休学后空出了位置才可以接受转学的学生。而且，转学生进入班级后也很容易感到孤独，因为经过一段时间的学习，原来班上的学生已经形成了固定的学习小组或者模拟法庭的角色组,转学的学生很难快速加入到这个集体中去。不过,这种短期痛苦比在毕业的时候仍然感觉所就读的法学院不适合自己要好。所以,无论是在申请法学院的时候,还是在就读以后,一定要慎重考虑所有的因素来决定哪一所法学院才是"你的法学院"。

第二节 美国法学院学位介绍

美国法学院主要授予3种学位,即法律博士(J.D.)、法学硕士(LL.M.)和法学博士(J.S.D.,也称 S.J.D.或 Ph.D.),除此以外还有 M.J.和 D.Law,这两个学位将在后文讲解。根据各个法学院的不同情况,可能会授予其中的几个,有些法学院只授予 J.D.,有些法学院在授予 J.D.学位以外还会开设课程授予 LL.M.和 S.J.D.学位。

一、法律博士(J.D.)

一般法学院毕业的博士叫 J.D.,也就是 Judiciary Doctorate,直接翻译成中文就是"法律博士"。但实际上,拿到这个学位比其他博士学位需要的时间短得多,一般是3年时间,比普通硕士学位如工商管理学位只长一年。

法律博士的申请有一个要件是 LSAT(Law School Admission Test)考试成绩,因为法律博士课程是美国正统的法律训练,进入前需要通过统一的 LSAT 考试以保证就读者的水平。大部分国际学生通常会先去攻读 LL.M.,等到英文好一点再申请 J.D.,因为 LSAT 很难考,甚至比美国研究生入学考试(GRE)还难。不过即使攻读完 LL.M.要再攻读 J.D.也很难,因为 J.D.在1月份就要开始申请,LSAT 成绩此时要出来,但 LL.M.的学生那时候基本上是刚刚进入法学院,还没有完全适应法学院快速且高压的生活,加上他们正在修课，没有多余的心力再去准备 LSAT 考试。所以大多数人要迟一点再去攻读 J.D.，一般是念完 LL.M. 以后隔年再去申请。通常来说，如果申请 J.D. 的学校就是攻读 LL.M. 的学校，LSAT 只要符合学校的最低标准，就有可能会收，否则必须要考出较好的成绩，才有可能被录取，毕竟法学院的竞争是全美研究生院中最激烈的。但即使是申请同一学校，成绩也不可以太差，因为一旦 LL.M. 学生变成本校 J.D. 以后，成绩就和学校排名有关，学校会非常关注。

获得法律博士学位一般要修习 80 个以上的学分，因为美国律师协会要求要有一定学分以上才能承认这个学位，而如果学位不被协会承认的话后果是很严重的，就没有办法报考律师了，而这个认证要求通常至少要 80 个学分。

法律博士的修业年限一般是 3 年，由于这个学位类似于一种职业训练型学位，更侧重于学生对法律的精熟和运用，所以很多法学院对法律博士没有撰写毕业论文的要求。但是 J.D. 又是非常难申请和完成的，在美国法学院中有一个普遍的说法来描述法学院法律博士的 3 年生活，那就是："第一年吓得要死，第二年累得要死，第三年单调得要死。"第一年由于国内和美国的学习方式不同，突然每天要面对 100 页以上的阅读，加上基本每周一次的论文（essay），听起来就足以使很多学生望而却步了。同时，修习法律博士最累的通常也是第一年，因为所有的法学院基本课程通常都设置在第一年，而且几乎都要考试。攻读法律博士的学生一般在第一年修完以后要开始确定自己的方向，第二年以后的修课就会随自己确定的专业方向有所调整，这个时候也是真正开始进入专业学习的时候，虽然在心态上已经熟悉了法学院的劳累，但是远超第一年的阅读量也会使学生感觉疲惫不已，而且这一年还要修习很多邻近学科甚至跨学科的课程，有很多新的知识领域要去熟悉。同时，从第二年开始到第三年，要学习和以后工作相关的科目，到三年级下学期开始进行工作面试，等到毕业取得律师资格以后就开始执业。美国法学院的法律博士不像我国学生在毕业最后一两年就会去准备律师考试，而是在考试前2个月才开始准备，因为法学院繁重的课程使他们真的没有过多的时间花费在一个考试上。但是美国学生准备律师考试的过程又是异常艰苦的，往往每天要上8～10小时的补习班的课，然后再整理好笔记，并且几乎所有的知识要当天消化，没有回头看第二遍的时间，所以美国学生一般来说战斗力非常强，是因为他们不会也没有可能花过多的时间在某一个考试的准备上，类似于我们所说的"背水一战"、"置之死地而后生"。

攻读法律博士学位有很多优势。首先法律博士的课程是正统的美国法律训练，对美国法有比较全面的了解。其次，攻读法律博士是想留在美国执业，又想办移民以外业务的唯一机会。要知道留在美国执业是相当困难的，即使是法律博士，处理地方性强的诉讼案件还是很困难的，特别是典型的民、刑事诉讼，对语言的要求很高，必须口才流利、反应迅速，再加上竞争激烈（美国律师拉业务有时比拉保险还辛苦）……这些对外国人来说是一道"高墙"。最后，获得法律博士学位后可在美国任何一州报考律师考试，不像LL.M.限制较多。

攻读法律博士学位的困难又是非常大的。首先是课业压力大，每一学年都可能要修30个学分，这意味着一个学期可能要考好几门学科，每一科目可能有上千页的书要看。而且法学院的老师们对J.D.学生可不会手下留情，而针对LL.M.，老师则相对很少刁难（甚至有些老师知道你是国际学生的话，会在课堂上给予照顾）。其次是费用昂贵，美国法学院的学费昂贵是众所周知的事实，一般一年的学费要在人民币20万以上，而3年的法律博士课程费用相当于修读LL.M.的3倍。第三是修习时间较长，且学位认定存在争议，虽然相比其他专业博士的修业时间而言，法律博士只需要3年，但是在就读法律博士以前是要首先修完本科的课程才可以申请,所以前后最少要七年才可以得到学位,但由于我国和美国在法律专业的学位设置上存在差异,法律博士学位在我国普遍被认定为第二学士学位,这样一来相比其他学位而言无论从投入上还是从时间上都显得成本非常巨大,因此很多攻读法律博士的学生都会选择留在美国执业或者回国后进入大型外资律师事务所工作。

二、法学硕士(LL. M.)

LL. M.是一年制的法学进阶课程,相当于硕士学位,全称是 Master of Laws(缩写使用两个L是源于拉丁语,表示复数,代表Laws)。由于攻读法律博士花费昂贵,耗时耗力且又存在学位认可的问题,因此近年来中国留学生最好的选择就是攻读LL. M.学位,也就是法学硕士学位。不少法学院在提供法学博士学位的同时,也提供法学硕士学位。设置这种学位主要有两个目的:一是培养以后能教授法律课程的老师,而不是从事律师职业的人才;另一个是培养将来在外国从事法律相关职业的人才。通常中国留学生读LL. M.的主要有两类人:一是有工作经验的律师。由于在外资所,没有外国律师执照,基本上不可能从法律助理提升为合伙人。而获得英国执照相对于美国执照要困难很多,需要2年的实习加上考试,所以很多律师都选择去美国镀金,用最快速、最经济的方法获得外国律师执照。二是一些本科刚毕业的学生,在美国读硕士比国内少一年,且多了留学经历,可以算是一举两得,虽然很多法学院都要求申请LL. M.需要有工作经验,但从近年来的实际录取情况来看,有很多学校的本科毕业生被直接录取了。

法学硕士学位虽说需要一年时间,而实际上整个学业一般在9个月内完成。法学硕士学位主要帮助学生对美国的法律制度有个基本的了解,但不像法律博士那样深入,因此在很大程度上攻读该学位的都是留学生。比如在笔者所就读的学校就有很多外国学生在攻读法学硕士学位,其比例远远超过了美国学生。他们回国后有很多人从事教学工作,介绍美国法律;或者从事美国法律咨询等工作,为需要了解美国法律的公司和个人提供意见;当然最多的还是在涉外律师事务所里处理涉美法律问题。

要取得LL.M.学位通常有两种方式。一是学分制,只要修够固定学分就可以毕业,取得LL.M.学位通常至少要修习20个左右的学分,有的院校会要求达到40个学分,并且在9个月内把学分修完。学分制下,申请法学硕士学位有的需要写论文,有的不需要写论文,原则上是9个月内修完所有的学分,如果需要写论文,那么论文一般也会列入到某些学分课程的要求中去。LL.M.修习的课程有些是专为法学硕士学位申请者开设的,美国法学院通常只为LL.M.开设"美国法律基础"和"法学研究方法"两门入门课,有时学校会根据参加律师资格考试的需要或者法学硕士专业要求的特点对LL.M.的学生提供一两门专业课特别要求他们去修,如合同法、侵权法等,这些课堂上通常就都是外国学生,而其他课程则是和美国的J.D.学生一起,考试也在一起考。这样的考试会很困难,一般来说J.D.比LL.M.学生的法律程度要好,加上语言优势,往往比LL.M.学生高出一截,而LL.M.学生要取得好成绩往往是因为过去有工作经验所以在某领域的专业知识会比J.D.学生要高。在考试的评分上LL.M.和J.D.理论上是一起评分,虽然有些院校会对LL.M学生给予特殊的待遇,会把J.D.和LL.M.分开评分,但多数学校不会如此,LL.M.与J.D.学生都用相同的分数层级。然而在很多院校的毕业要求上,LL.M.的平均成绩(GPA)和课程分数要求要比J.D.高很多,比如笔者所就读的法学院对于J.D.的毕业GPA要求是2.7,而对于LL.M.则是3.0。所以,当LL.M.和J.D.放在一起评分的时候,有些教授会给LL.M.评分在2.7和3.0之间,因为他们并不知道这个考卷是LL.M.的还是J.D.的,而他们认为即使你的答案很糟糕,但是他给了你2.7让你及格了,所以一些LL. M.因为得了2.8、2.9而去和教授申请改分数的情况很常见。

二是论文制,要求选定比较少的学分就可以,同时要求写作一篇硕士论文折抵学分,论文通过才能毕业。大部分LL. M.都选择第一种方式毕业,一来可以多了解各种科目的美国法律,二来可以跳过用英语写作硕士论文这个难关。

申请法学硕士学位的申请者必须已在美国国内或国外取得一个法学学位(Law Degree)。美国人的正统法律训练是3年的J. D.,念完J. D.以后才可能念LL. M.,这是因为在美国要拿到一个学位以后才可以念LL. M.的关系。而外国学生通常都是直接念LL. M.,因为很少有人出国念书前不具有任何的法律学位。但是从笔者所了解到的情况看,有些法学院也招收了非法律专业的本科毕业生修习法学硕士学位。

申报法学硕士学位并不需要LSAT成绩,但是国际学生必须要有TOFEL成绩,除非在申请法学硕士学位以前毕业于一个以英语为教学语言的院校并获得相应的毕业证书和学位证书。这个要求已经比申报其他学科研究生专业的学生要好得多,不需要考GRE。

攻读法学硕士学位有很多显而易见的好处。首先,修习时间短,9个月即取得美国法学硕士学位,相较国内花两三年苦读写论文的硕士,时间成本上节省了许多,而且还是"洋硕士",在就业市场上会更有优势。

其次,可以取得在美国包括纽约州与加州等多个州考律师执照的资格。法学硕士学位的另一个好处是可以取得拿美国律师执照的资格,但注意不是每一个州都可以,多数中国留学生会选择加州和纽约州,而且多半选择纽约州,这是因为国内很多的大公司都在纽约设有分公司,并且与纽约的业务往来非常多,因此获得纽约州的律师执照回国后更容易被雇用。纽约州考律师的资格十分宽松，甚至还没拿到硕士学位之前，若是有些科目尚未通过，只要能够证明将会取得学位，仍然可以去考。因为外国学生比较多，所以近几年来纽约州的律师录取率有降低的趋势。相对纽约州的律师资格考试，加州律考由于要多考一天，且难度更大，因此报考人数较少。

　　三是能够提高英文能力并熟悉美国的法律思维形式。短短的9个月的学习对英文的要求非常高，挑战性很强。即使是土生土长的美国人，在刚刚进入法学院以后也会有陌生感，因为法律英语是一门独特的语言，美国人称之为"legalese"，非常晦涩绕口，甚至很多案例中的句子是以拉丁文写作，因此在长期的阅读中，英文阅读能力会不断提高，而口语和听力则会在各种课堂讨论中得到锻炼。至于写作能力，每门课后的作业将会是一项巨大的挑战。在短短9个月的时间里，还要阅读大量的案例，而这些案例和课堂讨论将会使学生很快熟悉美国的法律思维形式。美国法学院的教育有三方面的目的：第一个目的是培养学生的能力，也就是使他们对司法程序和制度有相当的了解，并能够得心应手地运用这些知识来解决司法问题。第二个目的是培养学生的社会正义感。法律是非常复杂的，有很多"灰色地带"，这就要求作为法律应用者的律师能用基本的道德感来维护法律的尊严。第三个目的是从广义的角度维护法制。法律在美国社会发挥关键性的作用，它的基本宗旨是让所有的公众受益，让社会受益，而法学院是把这个传统保留下去的重要力量。通过9个月的学习，学生都会感受到这种教育目的。

　　除了这些优势以外，修习法学硕士学位也有很多困难和不足。首先是修习时间短，短到还不知道自己未来的方向就必须要开始做出选择了。如果在攻读法学硕士之前没有收集到足够信息，去了美国，恐怕会像无头苍蝇般不知道在忙些什么。另外还有排课冲突的问题，如果只修一年的课，就可能会遇见这样的问题：例如要修证券交易法，通常要先修过公司法再修证券交易法会比较理想，但是可能在课程安排上，证券交易法开在上学期，公司法开在下学期，这对J.D.学生来说没有问题，可以第一年下学期修完公司法的课程后，第二年上学期再修证券交易法的课程。不过对LL.M.学生来说，修业期限只有一年，所以通常没有办法修证券交易法的课，等修完下学期的公司法，就准备要回国了，除非愿意多花一个学期的时间。所以出国之前必须要先查清楚课程的安排，不然很有可能修不到想要修的课。当然如果底子好，也可以跳过这部分，向学校要求先修证券交易法。只要程度够好，就可以去和学校商量，告诉他们你在某部分的实力很好，如果得到他们的认可，就可以跳过基础的课程，因为美国人给予学生学习的弹性是很大的。

其次是对于课堂形式的适应。在法学院学习有很大的压力，虽然LL.M.没有像J.D.那样课程与竞争压力那么大，但对外国人来说已经很可怕了。在美国念书，免不了对上课方式感到震撼，因为上课方式是所谓"苏格拉底式"（即"问与答式"）教学，美国的法律训练是一种学生当律师的专业训练，美国人很少能当法官，大部分人是去当律师。律师要服务的是客户，想要满足客户的需求，基本的训练就得从正、反两方加以练习，学习如何进行不同方向的攻击和防御。美国法学院的课堂教学一般都是从案例讨论开始的，上课一开始教授就会问学生某个法院对某个案例是如何判决的？为何如此判决？接着就是："如果你是原告，你会怎么主张？"、"如果你是被告，你会怎么主张？"这样的问题。或者是分成小组，学生饰演原告、被告和法官等不同的角色。在提问中，无论学生站在原告还是被告立场，回答了之后，老师都会继续追问，最后也不见得公布答案。就像我的导师曾经在一堂课中说过："教授的嘴里只有问题没有答案。"也就是用律师的思考模式把案例拆开，它不是要你止步于弄懂案例的规则，而是要训练你的思考方式，这种"没有标准答案，但是逼你找论证方式"的上课方法，对于我国习惯听老师讲课的法学学生,无疑是很大的挑战。不过,这种训练方式对于实务工作会很有帮助,因为律师的思考模式通常是先有结论(客户请求),再从结论上去做正、反辩证,不同于学术论文式的——以大前提、小前提的逐步推论最后导出一个结论的学习方式。

第三,对于中国留学生来说,法学院的学生英文压力也都很大,因为上课用的是案例教本(casebook),一本书动辄上千页。老师每次指定要看的案例范围很广,这就可以让大部分的学生感觉力不从心。而老师说话有快有慢,上课又需要经常和老师当面问答,即使英文实力再好,同美国人相比还是有差异。例如,同样都是80页的案例没看,美国学生可以利用中午时间大致翻完,上课只要回答得出来就好了,但是中国学生一定得逐字逐句来读,可能我们很努力也只能看完10页,剩下没看的部分就没有办法了。永远不要相信中国留学生在班级里都是好学生,成绩好只是我们在多年的考试煎熬中学会了如何去复习、如何去考试,而在一个和美国学生一起开展讨论的法学院班级里,我们在很多时候都是"差生"。我刚到美国的时候,一个学长告诉我上课的时候要积极举手回答问题,这样课程的分数才会高,而到了课堂上才发现,当你搞懂教授提出的问题的时候,美国学生已经回答完了。而每天晚上的课前阅读将会占用你所有的空余时间,就像一位留学生所说:"我们辛苦读完了像砖头一样厚的托福教材,来到了美国才发现,现在的教材比那些砖头还厚。"很少有攻读法学硕士学位的中国留学生能够在每次上课前都把课前阅读的案例完全看懂看透。

第四是学费昂贵。攻读法学硕士学位虽然只要短短一年时间,但是耗费的学费比其他专业要高很多。比如犹他州的LL.M.一年学费达8千多美元,还算是非常便宜的,但已经比国内法学专业研究生学费昂贵得多了。至于最贵的要3万到5万多美元,还得再加上生活费,经济压力不可谓不大。

第五,由于是速成,学生对于美国法律体系与文化其实理解有限。老实说,9个月的学习实在不可能了解美国法的轮廓,当想要一步步了解美国法的精华,但是却不知要念什么的时候,美国老师通常会建议修两门课程:早期他们会建议去了解合同法,因为合同法是最传统的普通法;后期则会建议修宪法,美国宪法基本上都是政策与价值的判断,充满了许多美国自身的价值观与文化观。但是美国宪法的难度相当高,外国人要想深入了解相当困难,如果没有兴趣与毅力的话,不建议选择。

三、法学博士(J. S. D.)

美国法学院还提供3~5年的J. S. D.学位教育,全称是Judiciary Science Doctorate,即法学博士学位,在有的学校简称为"S. J. D.",还有的院校则与其他学科相同,一样授予Ph. D.学位。这个学位类似中国的法学博士学位,更强调学术性,申请门槛更高,是美国人眼中名副其实的法学博士。

申请者并不需要通过LSAT考试,但是至少要获得过法律学位,拥有律师资格或者有相关法律从业经验。一般来说,学校会优先考虑获得过法律硕士学位即LL. M.的申请者。很多美国法学院明确规定,只有在本学校取得LL. M.的学生才能够继续申请攻读法学博士学位。也有部分美国法学院规定,只要在美国任何一所法学院取得过法学硕士学位的学生都可以申请攻读法学博士。理论上,没有在美国取得过法学硕士学位的学生也可以申请,但是实际上很少被录取。同样,如果申请者不是本校的LL. M.毕业,录取后往往会被要求修习一定数量的本校LL. M.课程,当然有些学校会承认其他院校的课程,通过转学分等方式减少J. S. D阶段实际所要求上的课程数。

对于国际学生而言,申请攻读法学博士仍然需要英语测试TOFEL成绩,但是由于基本所有的申请者都是获得过LL. M.或者J. D.学位的留学生,所以往往在申请法学博士学位时因为申请人已获得过用英语教学的学校的学位,而不用再次送交 TOFEL 成绩了。

学校一般要求申请者"已经"具备可以用英文做学术研究并撰写博士论文的能力,不会等你进了博士班才教你怎样写论文。因此,学校一般要求申请者提供至少一篇学术性论文(论文长短因学校不同要求而异),最好是硕士学位论文或者在法学刊物上发表的学术论文。在美国发表法学学术论文本来就相当困难,对于那些在美国法学院用一年时间攻读法学硕士学位的外国学生,如果要一边读书一边准备论文以备申请之用,更是不太容易。

申请者还要提供详细的博士论文研究计划书,对于自己未来攻读博士学位期间的学术研究提出纲领性规划,列出具体的博士论文章节题目,概括自己的研究意义,说明已经掌握的资料,介绍已经做出的有关研究成果。这个研究计划将被评审委员会当作审核的最主要依据。

很多院校还需要申请者找到同意指导自己的法学教授,获得该教授的认可方能开始进行申请。美国法学院教授一般都很忙碌,他们平时做学问都是真刀实枪自己来,不需要学生做助理帮忙,也不会将学生的研究成果据为己有。因此,他们不太舍得花费时间指导博士生,除非学生的题目和自己的研究方向确实有交集。就算入学委员会希望录取某位申请者,但是如果没有教授同意做指导老师,该申请者还是不能被录取。

在美国的 185 所正规法学院中,招收法学博士的学校虽在增加,但也只有 40 所左右,比起美国 4000 多所大学,这个数字已经算是很小了。每个法学院每年招收的法学博士也不多,通常只有 3~5 个,甚至很多法学院采取的是毕业一个法学博士才能招收一个法学博士申请者的做法。以 2014 年为例,整个加州只有加州大学伯克利分校和加州大学洛杉矶分校、斯坦福大学、金门大学 4 个学校招收法学博士,基本上每个学校仅招收一名,由此可见名额有多么紧张。一般能够申请上的都是学术研究能力超级强的外国学生，美国学生很少舍得将时间和金钱投入到这个极难拿的学位上。

不过，一旦申请者被录取，美国法学院通常都会提供全额奖学金，还会提供各种帮助研究的设施和机会。J.S.D. 不一定有年限要求，一般来说，美国法学院会笼统规定3～5年以内要通过博士论文答辩。而实际上要写完博士论文并通过答辩毕业最少需要3年以上的时间，以华盛顿大学为例，法学院建院近50年，能在3年内拿到法学博士学位的寥寥无几，至于是否需要额外修课，则视情况而定。所以很多人说法学硕士是9个月的煎熬，法律博士是3年的煎熬，而法学博士则是永无休止的折磨。

第三节 美国法学院毕业生出路

很多人经常会比较法律博士、法学硕士和法学博士3个学位，并试图通过3个学位获得者不同的就业情况来分出孰优孰劣。实际上，在上一节已经分析过，3个学位有不同的学习要求和培养方向，各自有各自的优势和困难，申请者应该更多地从自身的情况去考虑个人更适合修习哪种学位。

对于所有的法学院研究生而言，毕业后的去向无非是3条道路：一是留美从事律师职业；二是进行学术科研；三是回国工作。而这三条道路基本上在每个留学生申请的时候已经在心里有了一个规划。

一、留美执业

对于计划留美从事律师职业的学生而言，法律博士是最好的选择，当然也可以攻读法学硕士。

在美国，律师职业是收入相当高的一个工作，但是工作也很辛苦，风险也很大。在美国很多律师会按照风险代理的方式执业，在没有领到一分一毛的律师费之前,该律师就先行投进了几百万做广告和医疗检测,并且由于律师本身也很容易牵涉到案件中成为被告,因此很多律师还要投入大量的费用用于投保。很多律师坚持一个定律:R(risk) + R(responsibility) = R(return)。《时代》杂志曾刊登了一篇文章,题目为《律师在统治美国吗?》其中提出了一个命题说,出庭律师(trial lawyer)是美国政治体制里的第四极,意思是说美国那些从事集体诉讼的律师对于美国发展的推动作用非常大。比如美国最有钱的律师都是打集体官司的,像烟草公司、汽车公司、药品公司等非常害怕集体诉讼。美国人恨律师,但也爱律师,因为如果没有集体诉讼,美国就不会有那么多的行业标准,甚至,汽车上的安全带都是打官司打出来的,因此律师的作用是不容质疑的。美国普通律师赚的钱是普通百姓的好几倍,一些公司律师和出庭律师赚的甚至是天文数字。在美国,普通律师玩车,中档律师玩游艇,超级律师就去玩飞机。而且成功的律师一般都有从政的可能,在所有美国总统中,读过法学院的高达12个。

但是在美国读法律,难的不是法律本身,而是语言。在美国做律师,光有执照而英语不行还是没法生存。外国学生在美国读法律,用一个字形容就是"难"。别以为在美国的日子好过,读书的日子在哪里都不会太舒服。千万别以为美国学生懒惰,本科生也许是,但研究生绝不是。美国法学院的研究生比中国的研究生们辛苦多了。笔者在读书期间,曾经多次夜里进入图书馆,那里一直是灯火通明,不论几点都会有美国学生在读书,图书馆里有洗浴间和休息室,供熬夜看书的学生使用。每天清晨从图书馆外走过的时候,都会隔着窗户看到有通宵看书的学生蜷缩在休息室的沙发上打盹。

而且美国学生对成绩的追求要比中国学生更加执着。进了好学校,不一定就能找到好工作,成绩还得跟得上才行。成绩决定了毕业后的第一份工作。美国法学院有一个说法,就是你在法学院就读期间得过几个4.0,那么你毕业后的第一份工作年薪后面就会有几个0。美国家庭条件很好的学生才会读法律,法学院学费很贵,学习还很辛苦。毕业以后,律师作为一种职业,整体上也是最辛苦的。虽然,律师赚的钱比较多,但想想这好不容易才熬过来的日子,其实赚多些是应该的、公平的。

留美从事律师职业的中国学生大多都在办理移民业务,以处理外国人,特别是中国人移民案件为主。如果要留在美国,只要愿意以办移民案件为主,有的是机会,因为业务量还蛮大的。而身为外国人,要办移民以外的业务难度很高,因为法律是很地域性的学问,和本土的文化、价值观、道德观结合很紧,作为本科以后到国外学习的留学生,完全理解并融入到这种文化中是需要很长时间的,所以外国人最难介入的就是具有地方性的案件。

还有很多留学生梦想到大公司做国际性业务,可是这种梦想很容易破灭。因为正如前面提到过的,语言是留学生和本土学生最大的差异,作为外国人英语水平再好也很难在庭审中达到本国人那种流畅和自如的水平。即使是英文水平以及人种较接近美国的欧洲人,就算是留下来,如果不是法律博士也是很难接到案子的。即使是法律博士,成绩还必须保证是班上的前25%,或者曾经有过什么业绩(如:担任法学杂志编辑、参加仿真法庭),大事务所才会给予面试的机会。做移民律师是可以赚钱的,但是由于业务是相对固定的,做久了也很难有所发展。所以如果要留在美国长久执业的话,最好是拿到法律博士学位,如果只是法学硕士学位,大部分只能一直做移民业务。根据以往法学硕士的说法是"It is extremely difficult to find a job offer, especially those who will support your J-1 visa"。

法学硕士在美国找工作是很难的,尤其是对没有经验、直接去读法学硕士的人来说。即使在那些找到工作的人群里面,很大一部分是在国内涉外律师事务所有工作经验,和该外所的美国分所事先有协议,在那里工作或实习一段时间。所以,如果你是一个本科生,读完法学硕士后基本上要做最坏的打算——找不到工作,可能考完 Bar 就要回来。当然法学硕士如果想留在美国长期执业并得到发展,还有一条道路就是 LL.M. 转 J.D.。因此,很多本科生出国,在迫于无奈之下决定做更大的风险投资,就是转 J.D.。一些学校,比如哥伦比亚大学和康奈尔大学都允许成绩优秀的 LL.M. 转成 J.D.。但一些学校,比如纽约大学是不允许的。这个问题留学生在申请前一定要考虑清楚。

二、学术研究

如果要选择回国教书,一定要拿到法学博士学位,因为目前国内高校在引进科研和教学人才的时候无一不要求博士学位,而法学院所提供的 3 个学位中只有法学博士学位会被认可为博士学位。但要进入美国高校教学,法律博士学位和法学博士学位都可以,一些高校也录用具有法学硕士学位的人员,然而很重要的一点是,美国的高校在录用教师的时候往往需要他们有律师执业的经历,如果是单纯的"门到门"的录取,则必须是法学博士学位。但是读法学博士学位的主要是外国人,所以即使是美国人也很少是法学博士,通常都是法律博士,所以美国人在进入学术圈前可能一篇论文都没写过,进入学术圈以后才开始写论文。获得了博士学位的外国人要留在美国教书也是有一点困难的。如果要回国教书的话,除了本身实力要够以外,人脉也是很重要的因素,并不是读了法学博士以后就一定有学校可以接收。一般而言,大部分取得法学博士学位的人会选择从事教学工作。当然,因为其已经针对特定法律领域作了专门研究,也可以到专业律师事务所求职。

三、回国工作

在回国工作的道路上,大多数都是就读法学硕士学位的留学生。大多数攻读法学硕士的学生是有工作经验的律师,他们通常还是会回国,因为在国内已有了一定的经济基础或家庭。而没有工作经验的法学硕士在美国更加找不到工作,所以还是要回来。同时很多国内的律师也会因为法学硕士修习时间短,而选择到美国攻读法学硕士。因为上学时间短,可以避免国内的业务流失,毕竟国内的律师也是要靠人脉关系和业务联系的,如果长期在外学习,回国后可能很多业务都会流失。而且读完法学硕士学位,虽然不能在美国所有的州报考律师执照,但是最重要的纽约州和加州都是可以考的,对于很多中国的律师所来讲,这已经足够他们拓展业务了。

如果选择回国工作,法学硕士学位已经足够了,法律博士的学位虽然可以增加就业议价空间,但是花费在上面的成本很高,日后不一定可以赚得回来。这其中因为时间较长的关系,可能要花费巨额的金钱,没有经济后盾的人是无法承受这种经济压力的。攻读法学硕士,因为修习时间很短,所以并不可能掌握美国法律的全貌,但是基础性的知识却一定要掌握,也就是说,要懂得学习如何找到所需要用的资料,如何去找最新判例。事实上,很多资料和判例在我们国家的图书馆里也都可以找得到,但是要看是否会使用检索和适用的方法。这个问题千万不可以小看它,因为美国法学资料的查询并不是那么简单的,美国有 50 个州,加上联邦共有 51 套法律,所以它的制度非常复杂,而且因为层级太多,会让国内学者搞不清楚,相关的解释、判例也是一大堆,念法学硕士最大的收获可以说就在于此。所以虽然念短短几个月没有办法掌握好美国法的精髓,但是只要懂得碰到未见过的难题,知道如何去找到答案,就算是有收获了。

如果回国从事律师职业的话,攻读法学博士就没有什么意义了,因为投入太高,而法学博士又只是针对法律某一方面的研究,对律师职业并没有太大的帮助。至于法律博士,回国之后报考国内律师考试仍要使用以前的学位,而且所学习的美国法律与中国法律不同,所以要从事律师职业还是要靠中国法律学习的功底,法律博士只能是帮助你进入外所并承接美国案件的跳板。

当然,走出法学院后,不管是进入学校搞科研,还是进入律师事务所从事律师职业,都是社会上热门的行业。不可否认的是,近年来美国法学院毕业生的起薪的确在不断上升。根据《华盛顿时报》的介绍,在纽约、旧金山和华盛顿等大城市,法学院毕业生在律师事务所的平均起薪高达12万到14万美元。但是耶鲁大学法学院副院长史蒂夫·杨德尔说,这样的数据只反映大城市和大的律师事务所的情况,很容易给人造成错误的印象,"在大多数时候,人们看到的收入水平只是大城市大律师事务所的水平。但是实际上,每年的法学院毕业生中只有大约10%的人能够到这样的环境中工作,他们往往是法学院最优秀的毕业生。而另外90%的人在其他的地区或者环境里工作,他们的收入可能远远低于这个水平。例如,很多人到政府部门或者非营利组织工作,他们的收入要低很多。"所以,成功地走出法学院是第一步,今后的职业生涯才是法学院毕业生新的挑战。有意思的是,很多人一想到律师,就想到他们的高收入。但很多数据表明,这并不是很多人进法学院的主要原因。例如,根据美国www.law.com网站最近对美国律师所作的调查,大多数人表示他们选择律师这个行业的最重要的原因是"智力上的挑战",紧接其后的是"服务公众和社会的愿望",最后才是"收入水平"。因此当我们选择法学院的时候,以及当我们走出法学院开始职业生涯的时候,请大家一定要有一个正确的认识。

第二章　美国法学院申请指南

第一节　如何寻找法学院

在第一章我们讲过，要寻找适合自己的法学院除了要考虑法学院的排名以外，还要综合考虑法学院的专业特长、地理位置和课程安排等不同的因素。那么，在考察完这些情况并选出我们钟意的法学院后，我们又该如何开始呢？

首先我们要明白，就读一所学校的选择是双向性的，选择你所钟意的法学院，只是选出自己倾向性的法学院，但是因为申请法学院毕竟是一个未知的结果，能否被录取、被哪一个学校录取都还无法确定，所以这个时候要慎重地评估自己的实力，在自己喜欢的有倾向性的法学院中选出一些真正要填报申请的法学院。

在评估个人实力的时候，首先是语言成绩和 LSAT 成绩，因为这个成绩是一个"敲门砖"，也是决定录取工作人员在考察你的材料时采取哪种态度的重要标准，这个将在下文讲述。其次是专业背景，所有除成绩以外的申请材料都是围绕你的专业背景来的，不管是个人陈述、推荐信，还是 GPA、Writing Sample，都是在从不同的侧面反映你的专业背景。语言成绩和 LSAT 成绩是固定的，上下浮动不会很大，而且法学院在录取中对语言的要求都是相似的。而专业背景就不同，发表了几篇论文就能大大提高你的印象分，如果从事过多年的律师工作也会为你的申请材料增色不少。除了这些软条件以外，自己也要有清醒的认识，有了这些你就可以大致知道自己应该申请哪个级别的法学院了。

在确定申请对象的时候有3个量级,即冲刺量级、平稳量级和保底量级。冲刺的院校一定要有,因为我们做自身评估的时候并不能完全准确地把握自己的实力,有些自己不看重的方面反而会是录取人员欣赏的地方,因此在经济情况允许的前提下申请一到两个相对要求高、排名高的院校也未尝不可。而平稳量级就是申请的重点,这个量级中的院校应该是通过自我评估和院校考察,认为获得offer的可能性很大的学校,一般应该选择2~4个。最后一个是保底量级,虽然有很多同学在申请时都有"宁为玉碎,不为瓦全"的想法,非名校不上,但是既然是求学,既然是申请,获得offer、顺利奔赴大洋彼岸学习才是我们的目的,所以也要选择一些根据自身条件相对比较容易申请的院校。这里务必要说一下,各个法学院的录取标准千差万别,在录取中各种偶然因素也很多,虽然在总体上水平相当的同学获得的offer基本相似,但也不排除个别现象,同班同学成绩相当但录取的学校却差别很大。遇到这种情况,要务必保持良好的心态,一方面积极和心仪的院校联系,看是否有录取的可能;另一方面尽快做出决定,选择重新申请还是随遇而安。

当然,美国的法学院就那么100多个,录取的标准往往相差不大,自己所划分的3个量级也不一定准确,有时候拿到offer时往往有一种"有心栽花花不成,无心插柳柳成荫"的感觉,遇到被保底院校拒收,却被冲刺院校录取的情况比比皆是,总之,希望各位能够拿到自己心仪院校的录取通知书。

在确定了一个倾向性的范围以后,下一步就是比较实质的考察了。哈佛大学法学院前任录取官Joyce Putnam Curll先生提出了一个"5R"的考察办法,即Read, Research, Reputation, Reconnaissance和Review。

所谓Read指的是"Read about the schools in printed materials, on the Internet, and in news articles"①。在考察学校时尽可能多地去阅读了解和学校有关的材料，特别要注意这些学校研究的重点和发展的方向。在阅读有关资料的时候还要重新审视前面所得到的排名情况，要看一看这个学校是否和它所属的排名区的学校相比具有竞争力，同时要考虑自己申请这个学校是否具有竞争力。举例来讲，如果你具有理工科背景，特别是学过环境工程等专业，又曾经在政府部门或相关组织做过和环境有关的工作，那么你要特别注意那些着重环境法研究的法学院，你会具有特别的录取优势。同时，你还要了解这个领域中的竞争情况和发展前景，从而能够提前为毕业后的发展做一个定位，而这些都需要你做大量的阅读和检索。

所谓 Research 指的是"Research what interests you both at the schools and in general. Find out all you can about whatever piques your interest, and see what the schools say about it"②。申请者一定要在申请之前做认真的研究，要充分了解一个法学院在哪些地方会吸引你。最好的办法是参加有法学院教授出席的讲座或者论坛，去听他们的演讲或者搜索他们的论文，寻找自己钟意的教授。如果有可能，最好与招生负责人进行沟通。当然，面对面的沟通对中国留学生来说机会很少，但是可以通过邮件的形式进行沟通，他们会告诉你法学院的招生要求，对学生的哪些特长和优势感兴趣，学院更希望学生在哪些方面有所发展，这些都会对你的帮助很大。更重要的是，如果你在邮件里给招生人员留下了良好而深刻的印象，那么当他们看到你的申请文件时，无疑你会拥有很多优势。由于法学博士的申请很多时候需要有教授的许可，因此除

---

① Joyce Putnam Curll. The Best Law Schools' Admissions Secrets. Sourcebooks, 2008，P87.

② Joyce Putnam Curll. The Best Law Schools' Admissions Secrets. Sourcebooks, 2008，P88.

了招生官员外,和教授的沟通也很重要。目前中国国际交流性的学术会议很多,要关注这些会议和你所钟意的教授的动向,如果有可能在他们出席某些论坛或讲座的时候和他们做一个面对面的沟通是再好不过的了。当然,这些著名的教授在论坛中往往是被人群簇拥着,想接近他们并不容易,所以一般有两个时间可以考虑去把握,一个是在论坛开始前的早些的时间,提前到会场去等他们;另一个是在论坛结束后的时候,美国的教授们习惯于在讲座结束后逗留一会儿,听取听众的意见并和他们交流想法,这个时候是接触他们的最好时机。

Reputation 说的是"Learn about schools from how they are perceived by others. Ask friends, relatives, lawyers, and judges what they know about the school you are considering. Talk to students at the school and students at rival schools. Get as many perspectives as possible. At law forums and fairs, talking to school representative can make this very efficient"[①]。尽可能多地去了解一个学校的声望,一个学校的名望在很大程度上也会影响到毕业生的就业。美国有一个著名的笑话,一个华裔的父亲问儿子大学要申请哪里,儿子说普林斯顿大学,父亲很生气,说:"没出息的东西,为什么不申请哈佛大学?!"这就是一个很明显的例子,对于中国人来说,哈佛的名头非常响亮,但是却很少有人知道普林斯顿大学才是多年排名第一的综合性大学。当然,除了这些国内社会对该学校的评价和认可,业内人士的看法也非常重要,毕竟你将来就业要应聘的单位和老板都是业内人士,所以在申请的时候也不妨到自己心仪的工作单位去了解一下他们对学校的看法。尤其是在美国,所谓的名校最大的优势不是教学,而是校友,一个强

---

① Joyce Putnam Curll. The Best Law Schools' Admissions Secrets. Sourcebooks, 2008, P88.

大的校友圈会为你的未来职业生涯带来意想不到的帮助。

Reconnaissance的意思是建议申请者提前去参观一下校园和法学院的学习生活。虽然中国和美国远隔重洋,但是参观和考察校园以及法学院生活还是可以办得到的。这种参观的机会有两种,一种是通过互联网,另一种是通过交流学习实地前往。通过互联网我们可以得到很多关于学校的情况,现在很多法学院还会在互联网上召开交流或咨询会议,关注学校的这些机会,参加这些咨询活动不仅能够咨询很多你想知道的问题,还能够知道其他的申请者在想什么、在准备什么、在关注什么,这些对你都会有很大的帮助。实地前往是最好的办法,现在很多国内高校都有赴美交流的夏令营活动,这些是最好的机会,实际上很多本科刚毕业就申请法学院的学生也正是参加了这些夏令营后就申请了该所学校的。如果你有机会实地参观法学院,最好能够进入到课堂中去,有些法学院有这样的课堂,专为申请者而设,也有些法学院允许外班的学生进入课堂,这些都是难得的机会。不过最好不要在考试季进入法学院,因为这个时候几乎所有的教室都在考试,没有什么好参观的,此外法学院期末复习那种紧张而令人崩溃的气氛很可能会挫败你的申请信心。参观法学院要留意法学院开设的各种面向公众的讲座,在这些讲座中你很可能与你未来的导师谋面,认真聆听他们的讲座,了解他们的研究动向,将会给你的申请带来巨大帮助。

Review说的是"Review and refine your goals and assets on a regular basis as you consider where you would like to be. Do this on a continuing basis from the applicant stage onward"[①]。在法学院的申请过程中,很多申请者都会在不断的准备和搜索中反复衡量,即使是最开始就认定的申请目标也有可能做出不断的变动和

---

① Joyce Putnam Curll. The Best Law Schools' Admissions Secrets. Sourcebooks, 2008, P88.

更替，所以申请者要不断地思考和研究，并善于综合自己得到的所有信息，去寻找最适合自己的法学院。

第二节 哈佛、华盛顿还是洛约拉

在实践中如何考察法学院的特色呢？这里我选择了三所大学，第一所是几乎所有国人的 dream school——哈佛大学，是常春藤院校，属于顶尖法学院的级别；第二所是华盛顿大学，属于精英法学院的级别，而且是一所公立大学；第三所是芝加哥洛约拉大学，属于第三级别，是一所具有宗教色彩的法学院校。

一、哈佛大学(Harvard University)

首先看大家耳熟能详的哈佛大学，哈佛大学是一所位于美国马萨诸塞州波士顿剑桥城的私立大学，是常春藤盟校成员之一，1636年由马萨诸塞州殖民地立法机关成立。该机构在1639年3月13日以一名毕业于英格兰剑桥大学的牧师约翰·哈佛之名命名为哈佛学院，1780年哈佛学院更名为哈佛大学。哈佛大学是一所在世界上享有顶尖声誉、财富和影响力的学校，被誉为美国政府的思想库，其商学院案例教学法盛名远播。在世界各研究机构的排行榜中，经常名列全球大学第一位。哈佛法学院很久以来一直在全美法学院排名的顶端，和耶鲁大学法学院、斯坦福大学法学院轮番占据着全美法学院的状元位置。2014年哈佛大学在全美大学中综合排名第一，法学院排名第二。

登录哈佛大学的网站首页 http://www.harvard.edu 即可看到 Adimissions & Aid 的目录，其下二级目录为 Graduate & Professional Schools，进入后可以找到 Harvard Law School 以及 Admissions for All Programs 的链接。进入页面后即可以了解哈佛大学的录取要求。

在页面左上方有两个选项,一个是 J. D. Admissions,另外一个是 Graduate Program。这里要作一个说明,在大多数的法学院中,虽然整个法学院归研究生院管理,并且所颁发的学位都是博士和硕士学位,但是在习惯上还是把 J. D. 作为职业教育的一种单列出来,而把法学硕士和法学博士列为研究生。

进入法律博士 J. D. 的录取页面,这里就有很多信息是申请者要浏览的。

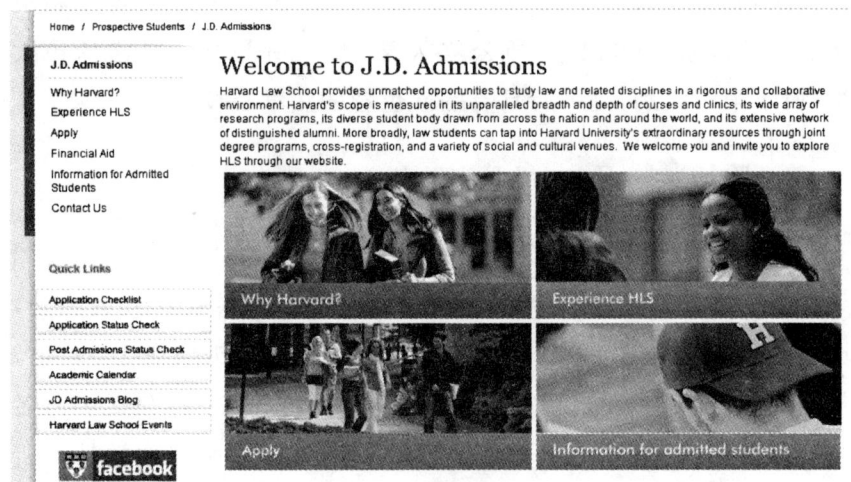

哈佛法学院录取网页

在这个插图中,右边是一个欢迎申请者报考的简要说明,在左方有一个目录,这个目录是我们申请时务必要重视的。

目录的第一行:Why Havard? 进入后是一个关于哈佛法学院优势的介绍,这就是前文所述的我们在考察法学院时,要注意的它的除排名以外的重要信息。在这个文章中,哈佛法学院给出了它的 7 个优势:

① Many Choices, One Community

② Small Neighborhoods within the Big City

③ Vibrant and Enriching Intellectual Life

④ Student and Faculty, Engaged in the World

⑤ Public Service at the Heart of the Experience

⑥ Training the Next Generation of Law Professors, Public Servants, Private Lawyers, and Business and Community Leaders

⑦ Making Your Own Harvard Law School

作为一个全球顶尖的法学院,这里面可以说是充满了哈佛法学院的自信,这7个优势可以说毫不夸张,而又深深吸引着每一个申请者。但是作为一个选择者,我们更多的是要从中读出我们需要的信息。这7个优势中,如果仔细品味,可以感到哈佛法学院非常注重学生的个性化培养和专业化的要求,无论是第一条的 many choices,还是最后一条的 making your own Havard Law School,都表现出学校会为学生提供优秀的资源,而学生的培养要依靠学生自身的选择方向。这里对中国学生而言就是一个抉择,因为中国的教育特点,中国的学生习惯于在学校和老师甚至家长的安排下去学习,去申请好就业的、高薪的专业,而很少考虑自己真正的兴趣在哪里,很少把自己的兴趣与自己的专业特长结合起来。如果申请者没有一个明确的发展方向的话,那么他的申请很有可能被拒绝,因为你的申请没有哈佛法学院所需要的东西,而且即使被录取了,如果不能做出自己的选择的话,未来的路也会很累。

在左边页面的第二个链接是 Experience HLS,HLS 是 Havard Law School 的缩写。顺带说一句,在法学院,也许很多美国人都习惯这样,把一个较长的名词词组用首字母缩写表示,而且在课堂中这种缩写经常用到,所以当我们在美国学习的时候,一定要注意这些缩写。这个链接就是前文提到的,我们要去申请的大学做"Reconnaissance",这里会给出在校学生的感受、公开访问的时间安排、J.D.录取的多个信息,并且给出了 J.D. 的 blog,这些都是我们要去阅读和品味的。

接着是 Apply,这里就是关于申请的有关情况了,在 Apply 下面是 Financial Aid,这个是关于费用的说明。在看完申请说明后,我们必须要注意,在回到申请页面时下面有一个 Application Checklist 的链接,这个就是申请法学院所需要的各种条件了,在 Checklist 里,列出了以下要求:

① Take the Law School Admission Test (LSAT)(参加 LSAT 考试);

② Register for LSAC's Credential Assembly Service (CAS) and pay all appropriate fees(在 LSAC 注册并支付相关费用);

③ Submit all undergraduate and graduate transcripts to LSAC(递交所有的本科和研究生阶段成绩单给 LSAC);

④ Submit two letters of recommendation to LSAC(递交两份推荐信给 LSAC);

⑤ Submit your HLS application, personal statement and resume electronically(递交申请信、个人陈述和简历的电子文件);

⑥ Pay the $85 application fee(支付 85 美金的申请费);

⑦ Check the status of your HLS application online(检查你的申请状态)。

在这段要求中,提到了 LSAC,LSAC 是美国法学院录取委员会(the Law School Admission Council's)的简称。法学院录取委员会是包括 202 所法学院在内的遍及美国和加拿大的一个非营利性组织,它的总部位于美国宾西法尼亚州。

1947 年,由哈佛、耶鲁、斯坦福等著名法学院的代表组成法学院入场委员会,以协调、促进和提高法学院录取过程。法学院录取委员会举办 LSAT 考试,并且操作统一信息服务,即将相关法学院申请人的大学和 LSAT 表现记入一个标准报告。根据美国法学院入学委员会官方网站的内容,LSAC 现在同美国大学注册主任与招生官员联合会(American Association of Collegiate Registrars and

Admissions Officers，AACRAO）联合为申请美国或加拿大 LL. M. 学位（或类似学位）的国际学生提供证书文件的统一寄送服务（Credential Assembly Service）。

该服务将首先收集有关学生的成绩单、TOEFL 成绩及其他相关文件，然后应学生要求，按照各个法学院的要求替学生向美国法学院寄送相关文件。目前很多美国法学院都在使用这个系统。

在 Apply 页面中有一个下级目录 Application Components，在这个目录中给出了以上 7 项的具体要求。关于参加 LSAT 考试，哈佛法学院建议不要晚于 2 月 1 日。关于个人陈述，网页上指明"The Personal Statement provides an opportunity for you to present yourself, your background, your ideas, and your qualifications to the Admissions Committee"，并明确提出不要多于两页，使用不小于 11 号字体，1 英寸的页边距和双倍行距，这样的话，粗粗一算应该是在 600 个单词左右。关于推荐信的要求表述为"Recommendations should come from those who have had an opportunity to evaluate you carefully and individually over a sufficient period of time"，在网页中提到申请者最多可以提交三封推荐信，但是至少有一封应该来自申请者曾经有过学术活动的单位（你的学校），而且哈佛法学院建议"two thoughtfully selected recommenders are likely to be more effective than several chosen less carefully"，这个建议我将在后文进行详述。在网页中哈佛法学院还给出了个人简历的样板并且告诉申请者将会有面试（interview），并明确说明 interview 将会使用 Skype 软件。那么不言而喻，你的简历一定要按照样板来制作，而 Skype 要尽快安装并熟练使用，以便在 interview 的时候不会因为软件问题而增加压力使自己手忙脚乱。

Financial Aid 页面也是一个重要的信息源，因为对很多学生来讲,法学院的费用的确不是轻易就能承担的,在哈佛法学院 Financial Aid 页面里有一个链接 What to Think About Prior to Entering Law School,打开这个链接,显示的是花费预算:

Example A - Living in a Gropius Dorm		Example B - Living Off-Campus with Roommate		Example C - Living Off-Campus without Roommate	
Rent	$800	Rent (share of total)	$1,000	Rent	$1,250
Utilities	$0	Utilities	$200	Utilities	$250
Phone	$80	Phone	$80	Phone	$80
Food	$400	Food	$400	Food	$400
Local transportation	$80	Local transportation	$80	Local transportation	$50
Laundry	$30	Laundry	$30	Laundry	$30
Personal items	$50	Personal items	$50	Personal items	$30
Entertainment	$80	Entertainment	$80	Entertainment	$0
Miscellaneous	$120	Miscellaneous	$120	Miscellaneous	$0
Total Expenses	$1,640	Total Expenses	$2,040	Total Expenses	$2,050
Remaining Funds	$450	Remaining Funds	$50	Remaining Funds	$0

哈佛法学院生活预算

上图反映的是在美国生活费的预算,在一定程度上可以说是适用于美国所有学校的,当然中国学生的实际花费根据所在城市不同会比这个表中显示的少一些,关于这些会在后面的章节中说明,所以这个表可以给大家作一个大致的参考。

除了这个预算以外,就是学费支出了。美国的法学院都是按照学分来计算学费的,所以每个学期的学费不等,主要根据学生在该学期选修的课程学分数的多少而定,但是从总量上,一个法律博士的学费约为5～10万美元。比较好的是,在哈佛法学院的网页上给出了一些学生贷款、特别财务支持和少量的奖学金及打工机会,这些在法学院中已经是很少见的了。

接着我们看 Graduate Programs。进入该页面后,左方最上面的链接是 Message from the Director,这个一定要看。在这一段话中有这样一句:"Through our degree programs, we are working to train the next generation of leaders in academia, private practice, government, and non-profit and non-governmental organizations worldwide."看到这句话时,我们不禁会想起在 J. D. 申请页面中 7 个优势中的第 6 条:"Training the Next Generation of Law Professors, Public Servants, Private Lawyers, and Business and Community Leaders."看似这两句话在两个不同的地方出现,但是它们共同指出了一个词语"leader",对,就是它!这说明什么呢?说明哈佛法学院要培养的是 leader!而作为一个申请者,你是不是具有成为 leader 的潜质呢?你如何让录取人员从你递交的材料里看到你的 leader 的潜质呢?你又有哪些优势可以显示出你 leader 的潜质呢?在接下来的材料中,还提到了"The Graduate Program attracts lawyers of demonstrated intellectual and academic excellence from all over the world"和"the Graduate Program contributes to the intellectual life of the School by serving as a focal point for advanced study and research",这两句话中又有一个焦点单词"intellectual",另外还有意义相近的"academic excellence"和"advanced study and research",那么作为申请者又该如何去表现自己在这些方面的优势呢?这些就是我们在申请前务必要把握的。

接着在 LL. M. Program 的链接中我们可以看到申请哈佛法学院法学硕士学位所需的材料:

① Online application form(在线申请表格)

② CV/Resume(个人简介)

③ Personal statement(个人陈述)

④ Transcript(s)(成绩单)

⑤ Recommendations (at least two)(最少两封推荐信)

⑥ Official TOEFL report (if applicable)(TOFEL 成绩)

⑦ Financial Aid application (if applicable)(财务支持申请,也就是我们说的奖学金和助学贷款等)

⑧ Application fee of US﹩85(85 美元的申请费)

从这里可以看到,LL. M. 和 J. D. 相比,申请的要求有了变化。

首先,不再要求 LSAT 成绩了,而改为 TOFEL 成绩,其次不要求通过 LSAC 递交了。这里要注意的是对于中国学生来说,TOFEL 成绩是必要的,网页上的表述是:"All applicants from non-English speaking countries or who did not receive their full-time legal education entirely in the English language must take the TOEFL (Test of English as a Foreign Language) examination within two years prior to submitting their applications. The Graduate Program requires a minimum score of 100 on the internet-based test (with a minimum score of 25 on each subsection), or a minimum score of 600 on the paper-based test (with a minimum score of 60 on each of the three subsections and a score of at least 5.0 on the TWE)."[1]也就是说对于中国学生,如果你申请之前没有在一个官方语言是英语的全日制的法律类教育机构毕业的话,就必须参加托福考试。应该说,哈佛法学院的要求是非常严格的,很多其他的法学院并不要求必须毕业于英语的全日制的法律类教育机构,而仅要求英语的全日制学校即可免于托福考试。并且哈佛给出了托福考试的分数要求,不仅要求了总分,而且要求了各个分项得分,这对于其他法学院来说也是相当高的标准。

  在 LL.M. 申请的首页上还有一个位于右下角的链接 For more information about the program, click here,进入后即为 LL.M. 的相关介绍。在这个目录中,笔者特别推荐大家一定要阅读其中的 Degree Requirements,这个目录下的文章就是告诉所有的学生,将来一旦被录取,将要完成什么样的任务才能毕业。在申请之前好好看看这些要求,提前有一个心理准备,也可以提前衡量一下自己能否通过这样的要求,顺利毕业。

---

[1] http://www.law.harvard.edu/prospective/gradprogram/llm/apps-and-deadlines/index.html

"The philosophy of the LL. M. program is to offer our students a broad platform on which to design their own course of study within parameters set by the Harvard Law School faculty. All students must satisfactorily complete a minimum of 22 credit hours and a maximum of 26 credit hours in one academic year; most students complete between 22 and 24 credits. Students also must satisfy some specific course and written work requirements."①

对于中国学生,这些还不是全部,在下面的一段中接着提出了特殊的要求。

"International LL. M. students are required to take at least one of the following courses in American Law: Civil Procedure, Constitutional Law, Contracts, Corporations, Criminal Law, Family Law, Legislation and Regulation, Property, Taxation, and Torts. International students also must write a paper of 25 or more pages that involves independent reflection, formulation of a sustained argument and, in many cases, outside research. Both types of papers may be written either independently or in conjunction with a seminar. Finally, we strongly encourage students to take at least one course focusing on legal history, legal theory, policy analysis or legal process."②从这里我们可以看到,要毕业至少要22个学分,而且很多课程都会要求你完成25页以上的paper,对于中国学生来讲,撰写25页的paper并不是一件易事,就笔者的经历而言,一个周末用一整天的时间(早8:00到晚12:00)泡在图书馆里,

---

① http://www.law.harvard.edu/academics/degrees/gradprogram/llm/ll.m.—degree-requirements.html

② http://www.law.harvard.edu/academics/degrees/gradprogram/llm/ll.m.—degree-requirements.html

最多也只能写出 10~12 页,而且还不包括前期做检索和收集资料的大量时间。

作为一个申请者,尤其是一个想获得优秀法学院 offer 的中国学生,申请仅仅是"长征"的第一步,顺利毕业才是我们的最终目标,因此,在申请的时候清楚地了解毕业的要求是非常重要的。

最后我们来看哈佛法学院法学博士的申请要求。

哈佛法学院的法学博士是用 S.J.D. 来代表,进入申请页面后,首先是一个简短的对法学博士的期望和要求,这里不再多述。我们来看一下它的录取要求。

在页面中有以下 11 项要求:

① Online application form(在线申请)

② Curriculum vitae or Résumé(个人简历)

③ Recommendations (at least two)(最少两封推荐信)

④ Transcripts(成绩单)

⑤ Official TOEFL report (if applicable)(正式托福成绩)

⑥ Personal Statement (no more than 1 000 words)(不超过 1000 个单词的个人陈述)

⑦ Summary of LL. M. Paper (no more than 500 words)(不超过 500 字的硕士论文简介)

⑧ LL. M. Paper (or the equivalent)(硕士论文或同等水平论文)

⑨ Research Proposal (no more than 1500 words)(不超过 1500 字的博士阶段研究计划)

⑩ Financial aid application (if applicable)(资金证明)

⑪ Application fee of US＄85(申请费 85 美元)

此外还对这些要求给出了具体的说明,阅读这些要求时,一些特殊的规定是必须注意的。比如关于推荐信,明确要求必须是硕士论文导师和将来计划指导你的哈佛大学法学院的博士论文导师撰写。而在这些要求中,哈佛法学院特别地提出了关于 Research Proposal 的问题,由此我们可以想到,在申请哈佛法学院的 S.J.D. 时,最重要的是你未来的研究设想,所以,当你决定迈向哈佛的时候,你就应该知道自己的第一步怎么做了。

二、华盛顿大学(University of Washington)

接着我们来看华盛顿大学。华盛顿大学创建于 1861 年,位于美国西雅图。华盛顿大学是一所美国州立的公立高校,其医学、生命科学、计算机科学、教育学、公共关系、社会工作和海洋科学领先世界,并拥有世界一流的医学院、商学院、法学院、工学院、教育学院、美术学院、音乐学院、信息学院和海洋科学学院等,是美国 10 所最顶尖的研究型大学之一,被誉为公立常春藤之一。华盛顿大学 2012 年度财政预算为 57 亿美元,长期保持世界大学财政支出和研究经费前三位。2014 年华盛顿大学在全美大学中综合排名第 18 位,法学院排名第 20 位。

华盛顿大学法学院的网址是 http://www.law.washington.edu,在页面的左上角有链接 Admissons,下面二级目录中有 J.D. Admissions 和 LL.M./Ph.D Admissions 两个二级目录,我们首先进入 J.D. 的录取要求页面。

在这个页面中提到了华盛顿大学法学院要把学生培养成为 "Leaders for the Global Common Good"。但是这个表述相比哈佛大学法学院而言要弱一些,而且作为一所公立大学,可以从这句话中看出,它更关注的是全球的共同利益,而在第二段中,提出要培养学生,使之"gain the skills necessary for success in the changing legal profession and an awareness of their ethical and public service responsibilitie",从这个表述中可以感到华盛顿大学作为一所公立大学,对道德和社会服务等公益性的方面更为重视。

在这个页面下方,有一个链接 Why Study at the UW School of

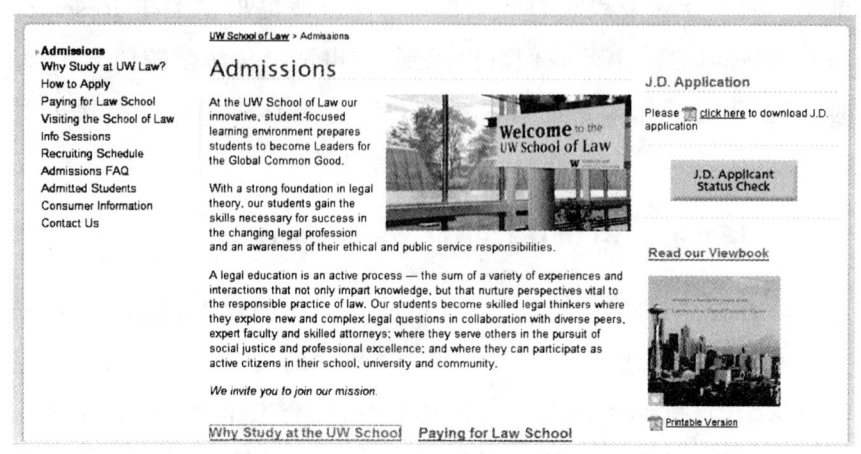

华盛顿大学法学院录取页面

Law,进入后,华盛顿大学法学院给出了答案。然而在这个页面中,我更希望申请者注意的是其中有一段话:"Students at the UW School of Law are an outstanding group. They rank in the 90th percentile of all entering law students on the LSAT and have an average 3.67 GPA. The UW School of Law is committed todiversity—our student body consists of 48.9% women; 28% students of color; 64.8% Washington residents. Twelve percent hold other graduate degrees."这一段话给出了华盛顿大学法学院学生的平均GPA,这个将是你申请时要考虑的一个因素。虽然这里指的是在校生的GPA,但是请你想一想,如果在华盛顿大学法学院的老师习惯于看到3.6~3.8的GPA的情况下,你递交了一个3.4的GPA成绩,这意味着什么?而这一段还有一个重要信息就是"diversity",正是这个单词,为国际学生的申请打开了一条金光大道,而且在后面还有一个数据就是"64.8%的华盛顿州居民",也就是说在校生中有35%左右都是华盛顿州以外的学生,而我们知道,在美国作为一个州立大学,所谓的外州学生大多都是留学生,高达1/3的留学生比例意味着华盛顿大学法学院会为外国学生保留较多的录取机会。

回到 Admission 页面,在左上角的二级目录中第二个便是"How to Apply",我们找的便是它。进入后,J.D. 的申请要求和 LL.M./Ph.D. 的申请要求全在这里了。

在 J.D. 的申请要求中,首先是关于申请的政策,同时有一个 procedures 的页面,进入后可以看到申请 J.D. 所要求的材料清单:

① Application(申请信)

② Resume(个人简历)

③ Personal Statement(个人陈述)

④ ＄60 application fee(60 美元的申请费)

⑤ Credential Assembly Service Report(学历相关材料)

⑥ Letter(s) of Recommendation(推荐信)

在这个页面的下方有关于这些材料的具体要求,类似于哈佛法学院的说明,这里不再一一介绍,要注意的是关于 Credential Assembly Service Report,将其解释为以往的学历成绩单和 LSAT 成绩。

在这个页面的右方有"J.D. Application Procedures and Policies",并提供 PDF 下载。一定要下载下来,这个文件是你申请时需要填报的表格。

由于华盛顿大学 J.D. 录取资料要求与哈佛大学基本一样,这里不再赘述。下面我们重点来看一下华盛顿大学法学院的法学硕士学位的录取要求。

在 LL.M./Ph.D Admissions 的下级页面上显示华盛顿大学招收多个法学硕士学位,包括:

① LL.M. in Asian Law

② LL.M. in Global Business Law

③ LL.M. in Sustainable International Development Law

④ General Law LL.M.

⑤ LL. M. in Health Law

⑥ LL. M. in Intellectual Property Law and Policy

⑦ LL. M. in Taxation

这说明华盛顿大学法学院对学生致力于多个领域的培养，而这一点非常适合中国留学生去申请。前文说过，申请法学硕士学位的学生的学习时间只有9个月，很难对美国法有一个全面系统的了解，所以在这9个月中选择美国法的一个方向来研究是非常合适的。而且，在LL. M. 的申请人中，大多数是国内的执业律师，已经有了自己的业务方向，因此当LL. M. 分专业录取时，一方面可以选择适合自己的方向，另一方面当录取专业和自己的工作接近的话又会为自己的申请增加不少权重。

分析这7个专业，每一个都有相应的介绍性链接。其中，Asian Law，Global Business Law，Sustainable International Development Law 和 General Law 指向了同一页面，下面的分项说明这4个研究方向。这说明这4个专业将会是非常相似的专业，在这个页面中，有这样的介绍：

"Legal practice and legal policy today are interdisciplinary and global. Lawyers need a sophisticated understanding of legal and regulatory systems beyond their own in order to advise and lead in a complex world of global challenges. We educate lawyers for this changing world.

The LL. M. programs in Asian and Comparative Law, Global Business Law, and General Comparative Law provides advanced specialist courses for lawyers and policy makers who are pursuing careers in Asian, Islamic, international commercial or development law. The programs focuses on global and cross-jurisdictional issues in international governance, institution-building, regulation, commercial transactions, and sustainability.

University of Washington Law School classes are uniquely designed to team J. D. and LL. M. and Ph. D. students and Visiting-Scholars in the same classroom and often in teams working on practical problems. The unique mix of U. S. and international LL. M. students in one program also provides a valuable reciprocal learning experience.

We expect many of our students to sit for the New York or California Bar as part of their preparation for the next stage of their careers. We team with a commercial provider of Bar preparation courses, so that students may attend bar preparation classes on the UW campus."[①]

在这一段中我们要注意这样几句介绍：

① "We educate lawyers for this changing world."

② "The LL. M. programs in Asian and Comparative Law, Global Business Law, and General Comparative Law provides advanced specialist courses for lawyers and policy makers who are pursuing careers in Asian, Islamic, international commercial or development law."

③ "J. D. and LL. M. and Ph. D. students and Visiting Scholars in the same classroom"

④ "We expect many of our students to sit for the New York or California Bar as part of their preparation for the next stage of their careers."

如果只把这当成是法学院的一个简要的介绍，那么你就错了。在第①②④句中，华盛顿大学法学院明确地告诉了你他们要培养

---

① http://www.law.washington.edu/AsianLaw/LLM/default.aspx? vw＝general ♯ tab

的是"lawyers"或者"policy makers"。那么你在申请的时候,如何把自己和这两个角色联系起来就成为了一个重要的成功因素。如果你已经是 lawyers 或者 policy maker,OK,告诉他们,并告诉他们你希望通过学习提高你做 lawyer 或者 policy maker 的能力。如果你还不是 lawyer 或者 policy maker,那么就要看你将来是否愿意做 lawyer 或者 policy maker。如果愿意,好的,华盛顿大学法学院就是你的 dream school。申请吧,并把你的理想详细地写进你的个人陈述里。

而为什么要强调第③句呢,这是给申请者一个权衡的思考,如果你被华盛顿大学录取为法学硕士的话,将来很多课程会和 J.D. 和 Ph.D. 一起上课,前面说过,这样的经历是很艰苦的。记得我在华盛顿大学读书时,有一次上课,老师给出了讨论题目,并让我们这些法学硕士和 J.D. 们混合在一起分成讨论组讨论。在我思考的时候,教授问我感觉如何,我说:"It's hard!"教授回答:"Right! But it's challenging!"是的,这种课程给你的感觉就是这样的。还有一次是在上 Medical Ethics,根据要求我们要选修一些非专业的课程。当我上这门课的时候,一屋子都是二年级的 J.D. 和三年级的 M.D.(医学博士),而这种理论性课程讨论非常多,我又是唯一的国际学生,虽然教授多次提醒大家这是一个 international group,但是美国学生的语速还是让我每次上课前如临大敌。所以申请者要在申请时充分考虑自己的承受力,以及能否在这种挑战和折磨并存的环境下完成学业、顺利毕业。

但是如果我们在网上进一步搜索的话,我们可以了解到一个情况,就是华盛顿大学的亚洲比较法研究在美国是数一数二的。作为中国的律师或者未来的律师,通过亚洲比较法的学习可以更好地了解中美之间法律的异同,而且既然该专业和其他3个与全球贸易有关的专业使用同一链接页面,只是方向不同,则表明该专业的研究在很大程度上与商业有关系,而这正是目前我国很多涉外案件的重要领域,因此申请这个专业很适合中国留学生。

关于 Health Law,在页面中表述为"Health Law is a dynamic, growing area of specialized legal practice and the University of Washington is leading the way"。当我们了解华盛顿大学时,我们可以知道华盛顿大学的医疗专业相当强,在全美医疗研究院中华盛顿大学排名第一,它的护理专业、康复专业一直保持全美第一的水平,医学专业也一直在前三的位置。与之相对应,在法学院关于 Health Law 的研究就成为一个优势学科。但是,作为申请者,我们要明确我们申请的是适合自己的法学院,Health Law 作为一个专业在中国还鲜有涉及,而且该专业在很大程度上是立足在政策层面的,鉴于中美两国的政策差别巨大,如果你不是准备成为一个 policy maker 的话,最好不要选报。

另一个专业是知识产权专业。众所周知,知识产权是中美之间的核心争执领域,近年来涉及知识产权的诉讼案件越来越多。在这个页面中有这样一段话:"The Intellectual Property Law & Policy Graduate Program provides students with intensive education and training focused on emerging intellectual property legal issues relating to technological innovation in all fields. Students who study in the IP LL. M. program at the UW benefit from the location, the curriculum, the faculty and the unique student experience."这里很有意思的是提到了一个"location"的问题,华盛顿大学位于西雅图,而西雅图正是微软公司的总部所在地,这个就是该专业的地理优势。而在实际上课中,笔者就读期间几乎所有微软总部的资深法律顾问们都曾经出现在我们的课堂上,虽然这些在申请的时候并不知道,但是当我们看到"location"一词时应该猜到一些。不过知识产权专业在法学中是一个比较难的专业,尤其是涉及专利的部分,因此如果没有知识产权的背景的话,建议申请者慎重考虑。

最后一个专业是 LL. M. in Taxation。这个专业鲜有中国人申请,理由很简单,中美之间的税务政策完全不同,学习美国税法对中国业务很少有帮助,而且短短的9个月时间很难学得深入,如果有客户涉及国际税收需要用到美国税法的话,他将更倾向于寻找一个会计师而不是律师。

分析完专业,接着看法学硕士学位的申请要求。在华盛顿大学法学院的录取要求中,各个专业是分别描述的,但是综合起来主要是要求以下几项:

① 申请信

② 个人陈述

③ 推荐信

④ 学位要求(美国学生需要 ABA 认可的 J. D. 学位,其他国家的要求是法学本科以上)和成绩单

⑤ 工作经验

⑥ 个人简介

⑦ 语言成绩、TOFEL 成绩

这些要求与其他院校的基本相似,不再一一解释,这里华盛顿大学在语言要求上有一个特殊的规定,就是我们常说的"双录取"。我们来看在"Language Ability"下面有这样一段话:"Applicants whose native language is not English must demonstrate English language proficiency. The ways in which proficiency can be demonstrated are outlined in UW Graduate School English Language Proficiency Requirements."其中"UW Graduate School English Language Proficiency Requirements"给出了链接,进入链接以后,我们看到华盛顿大学研究生院对非英语学生提出了英语水平要求。

"The following minimum English language proficiency test will exempt students from Academic English Program (AEP) requirements:

—7.0 on the IELTS

—92 on the TOEFLiBT

—237 on the TOEFLC

—580 on the TOEFL

—90 on the MLT

—65 on the Pearson Test of English (PTE) Academic

Successful completion of the UW Intensive English Programprior to admission to the University of Washington."

对于一般申请者来说,这就要求在报送 TOFEL 成绩的时候需要达到 92 分以上。然而,在这一段话的下面,又给出了一个新的条件:

"An applicant may be admitted with an English proficiency test score within the range of scores listed below. In such cases, the applicant will be required, when starting the graduate degree program, to take designated Academic English Program (AEP) courses through UW English Language Programs , unless an exempting test score is subsequently submitted. Placement in these courses will be based upon the applicant's English proficiency test scores:

—6.0~6.9 IELTS

—61~91 TOEFLiBT

—173~236 TOEFLC

—500~579 TOEFL

—80~89 MLT

—50~64 PTE"

这个就是很多语言成绩不好的申请者所期望的"双录取"。所谓"双录取"就是有条件录取,即语言和专业课同时录取。主要针对母语为非英语的国际学生以及成绩符合或基本符合美国大学的入学要求,但语言没有达到学校的标准或需要补充一定的学术课程的学生,为进一步帮助他们提高语言能力而提供的免语言成绩(托福或雅思成绩)或降低语言成绩要求的有条件录取。对方大学会给学生发双录取通知,也就是语言学习的正式录取通知书和正式课程的录取信。这种情况一般是学生的其他方面学术背景是满足学校入学要求的,唯有英语还不过关,在学生到校后必须先参加英文测试。如果测试通过,学生即可直接开始学习大学课程;如果没有通过,学校会根据学生的考试表现及成绩要求先学习一段时间的英语课程随后再进行大学课程的学习。

在华盛顿大学研究生院页面中的这一段话说明该校存在双录取,如果托福成绩在 61~91 分之间的话,可以被录取,但是要加修语言课程。

在实际学习中,双录取并不适合中国学生。很多中国学生喜欢双录取是因为可以尽快被学校录取,并且相信自己到了美国后语言能力会很快提高。其实,语言能力的提高并不是到了美国马上就可以说一口流利的英语的,英语能力的提高离不开自己的刻苦学习,虽然美国有很好的语言环境,但是生活的成本和学习的费用远高于国内,对于家庭经济状况一般的中国留学生而言实难承担。华盛顿大学的语言课程虽然可以和专业课程同时进行,免去了先上语言课程后上专业课程造成的学业时间延长,但是作为法学院学生,在繁忙的专业课程之外实在无暇顾及加修的语言课程。笔者曾经加修过语言课程,上课时间是周一到周五的每个中午 12:30~13:20,在疲倦的法学院生活中又失去了午间的休息,而且还有和下午课程冲突的可能,有几个中午要在 10 分钟之内背着沉重的书包飞奔穿过整个校园,到另一头的法学院上课,这种经历实在是让人筋疲力尽,因此还是建议申请者在入校以前把语言问题解决掉。不过由于 LL. M. 的申请者大多是工作过多年的律师,很多已经多年不用英语了,重新拾起来也很困难,那么能够被双录取,早日走入自己理想的法学院也是一个捷径。

接着,我们来看华盛顿大学法学院的法学博士生录取。仍然回到 LL. M. /Ph. D. Admissions 的下级页面上,第一个链接便是 Ph. D. in Law。华盛顿大学法学院是很少见的把法学博士仍然称为 Ph. D. 的。这在网页的第一句中就加以说明:"The UW School of Law is unique among U. S. law schools in offering a Ph. D. in Law."接下来,"The Ph. D. program, founded in 1972, is a highly competitive academic program where UW leads in the education of future U. S. and international legal scholars and policy makers. The program has 35 graduates, with a current class of 19 drawn from China, Indonesia, Israel, Japan, Korea, Saudi Arabia, Taiwan, Vietnam, and the United States."由此,我们可以充分了解该校法学博士生的培养情况。阅读到这里,我们又会发现一个熟悉的词组"policy makers",只不过从前面的"lawyers and policy makers"变成了"legal scholars and policy makers"。这说明了什么呢?说明在该校的研究生教育中,非常注重对政策的分析和影响。同时,作为一所公立院校,华盛顿大学也必然承担着很多政府的教育和研究职责。而作为申请者,正是要从这些字眼中去寻找目标院校的特点,从而确定哪一所才是"我的法学院"。

在这个页面下方,是关于法学博士的录取要求和毕业要求。首先来看录取要求。

在录取要求中有一段综合描述性话语:"Each year, 2~5 students are accepted into the Ph. D. in Law program. Entry is very competitive and depends on both the candidate's ability and our capacity to supervise the candidate's proposed project."这段话既说明了每年的招生人数,又说明了基本的要求,这里非常耐人寻味的是末句提出录取不仅考虑申请者的能力,还要考虑学校是否

有能力指导申请者的研究计划。这是一种很客气的说法,但是作为申请者的我们必须有个清醒的认识,就像在电影《中国合伙人》中的一句台词:"听一个人说话不是听他说了什么,而是要听他没有说什么。"这个话我们应该理解为,如果你的研究课题计划得不到导师的认可并同意指导,那么你的申请将会被拒绝。由此,你就可以明白你的申请的第一步该怎么做了。

接下来是法学博士的申请要件,华盛顿大学法学院提出如下资格要求:

① Degree Requirement:an LL. M. degree in law

② Language Ability

③ Research Interest

这里很需要注意的是在 Degree Requirement 下面有一句话:"Most of our Ph. D. applicants have completed an LL. M. degree in Asian and Comparative Law at the University of Washington School of Law."虽然下面接着说到"We do, however, welcome applications with equivalent academic standing and a demonstrated capacity for advanced research and writing",但是我们必须从中发现,华盛顿大学法学院的法学博士录取有两个倾向:一是倾向于亚洲比较法;二是倾向于本校学生。这样在申请的时候,无疑本校学生会有优势。在申请的时候,你的研究计划必须和亚洲比较法有关,这样才能提高你的录取希望。

而具体到录取资料,华盛顿大学法学院提出以下要求:

① Online Graduate School Application(在线申请)

② Resume(个人简历)

③ Statement of Purpose(研究目标)

④ Dissertation Proposal(研究计划)

⑤ Writing Sample(写作范文,如 LL. M. 毕业论文或公开发表的论文)

⑥ Official Transcripts and Degree Statement（正式成绩单和学位证明）

⑦ Two Letters of Recommendation（两封推荐信）

⑧ Proof of fulfillment of English Proficiency Requirement（语言证明）

在页面的上方，华盛顿大学法学院公布了申请的结束时间（Deadline）为 1 月 1 日和关于面试的说明。这里要注意，美国对 Deadline 的把握是以投邮时间为准的，也就是申请信封上的投递邮局的盖章时间。这里有一个小技巧也许可供大家参考，也就是当你在 Deadline 以前如果没有办法收集齐所有的资料，如何能够继续申请的办法。笔者曾经试过，首先你要在 Deadline 以前和录取人员通过电子邮件（email）等方式保持联系，当你有个别资料在 Deadline 前拿不到，比如你的某个学校的成绩单，那么你不要等到 Deadline 以后收集齐了再给她寄，也不要告诉她会在 Deadline 以后收集齐寄给她，而是告诉她你将在 Deadline 以前寄出申请资料，然后把你能够收集齐的资料全部寄给她。校方在收到不完整的资料时，会认为你在 Deadline 以前已经申请了，然后会通知你补材料，你就会有一些时间缓冲了。当然，这里也要注意，这只是笔者在申请时摸索出来的办法，并不是一个正式的方式。其次，在 Deadline 以前寄出的材料中一定要包含有你的申请信和尽可能多的资料，一般不好收集的是推荐信和成绩单，其他的资料最好要在 Deadline 前全部寄出，这样才有可能被认可。

三、芝加哥洛约拉大学（Loyola University Chicago）

芝加哥洛约拉大学对大家来说比较陌生，它是一所私立天主教大学，位于伊利诺伊州芝加哥，是一所美国私人耶稣会大学，成立于 1870 年。它是目前在美国规模最大的耶稣会大学，截至 2011 年 9 月 12 日，在校注册人数为 16 040 人。学校凭借其出色的师资,良好的声誉在芝加哥地区具有杰出的口碑。芝加哥洛约拉大学共有6个校区,其中湖滨校区在芝加哥罗杰斯公园附近,坐落在密西根湖畔;水塔校区则位于芝加哥市中心最繁华的密西根大道旁。芝加哥洛约拉大学的北京校区建立于1998年,位于北京对外经济贸易大学内。该校区给想去中国感受留学生活的洛约拉学生提供了学习和生活的机会。芝加哥洛约拉大学于1908年成立了法学院,其专长为Health Law。2013年芝加哥洛约拉大学在全美大学中综合排名第106位,法学院排名第67位,Health law排名第4位,Part-time法学专业第16位。下面我们把芝加哥洛约拉大学作为第三个范例来进行研究。

登录洛约拉大学网页,在Admission目录下进入Graduate & Professional Programs链接,在页面中找到law,点击后即可看到法学院的招生范围,如下图所示：

Law	
Law (J.D.)	apply
Business and Corporate Governance Law (LL.M., M.J.)	apply
Child and Family Law (LL.M)	apply
Children's Law and Policy (M.J.)	apply
Health Law (LL.M.,D.Law,M.J.,S.J.D.)	apply
International & U.S. Law for Foreign Lawyers (LL.M.)	apply
Rule of Law (LL.M.)	apply
Tax Law (LL.M.)	apply
Trial Advocacy, Appellate Advocacy, & Alternative Dispute Resolution (LL.M.)	apply

芝加哥洛约拉大学法学院招生目录

从图中可以看到,洛约拉大学法学院招收J.D.、LL.M.、M.J.、D.Law和S.J.D.等多种学位。其中J.D.不分专业;法学硕士分为LL.M.和M.J.两种,共8个专业;博士分为D.Law和S.J.D.两种,属于一个专业。这里要解释一下M.J.和D.Law两个学位。M.J.的全称是Master of Jurisprudence,在美国,M.J.也是法学院授予的一种硕士学位,但是这种学位主要针对不是律师而又想了解法律的人开设的学位项目,申请 M. J. 一般要具备学士学位,其课程安排与 J. D. program 的课程安排类似。由于不培养律师和教授与研究法学的专业人士,所以 M. J. 并不要求申请人参加 LSAT,也不要求他有坚实的法学背景,它的申请人可以来自各个学科的领域。同样,M. J. 学位也不能参加美国的律师资格考试。D. Law 学位是与 M. J. 学位对应的一个博士学位,一般只招收 M. J.,同样不能参加美国律师考试。

我们首先进入 J. D. 的申请页面,在页面中上方有一段介绍:"Loyola University Chicago School of Law is an ideal place to start your legal career. Loyola offers academic excellence and intellectual openness, with emphasis on service to others. Dedicated to preparing you for professional practice, our Jesuit-inspired tradition develops students for responsible leadership through research, scholarship and public service, in close collaboration with our distinguished faculty. Loyola's Jesuit heritage further promotes a strong spirit of community and an interest in the development of the student as a whole person. We encourage all applicants to visit the campus, talk with members of our staff, or discuss our program at the recruitment events we attend all over the United States."作为一所宗教性学校,这段话强烈地表现了该校的宗教色彩。而作为中国申请者,我们一般都没有宗教背景,那么我们如何使自己的申请资料看起来符合这个学校的要求呢?

请大家注意这段话中的句子"Loyola offers academic excellence and intellectual openness, with emphasis on service to others. Dedicated to preparing you for professional practice, our Jesuit-inspired tradition develops students for responsible leadership through research, scholarship and public service, in close collaboration with our distinguished faculty",里面有两个短句是值得我们

注意的，一个是"emphasis on service to others"，另一个是"responsible leadership"。如果用中文归纳，可以理解为"服务"和"责任"，而这两个句子又正是洛约拉大学法学院对招收的学生的期望描述和对培养的学生的方向的描述，把握住了这两点，在我们做申请资料时就有章可循了。

点击页面上方的 Apply to Loyola，进入申请页面，点击链接 Applying as a New Student①，进入申请页面后，有一个 Application Checklist 的链接，点击后可以下载申请要求资料清单。下载清单后，主要有以下要求：

① Signing your application（申请信）

② E-mail address（电子邮件地址）

③ One letter of recommendation（一封推荐信）

④ Resume（个人简历）

⑤ LSAT（LSAT 考试成绩）

⑥ Credential Assembly Service（CAS）through LSAC（通过 LSAC 程序申请）

⑦ Previous Law School Attendance（之前的法学院学习证明材料）

⑧ Personal Statement（个人陈述）

⑨ Character and Fitness（个人情况，在页面下面有说明，主要是针对申请律师资格考试的一些资格条件，如犯罪记录等）

这些条件的要求可以说与其他法学院的要求基本相同，但是相对前面所罗列的哈佛大学和华盛顿大学法学院的要求而言，明显可以感到轻松了许多。如推荐信只要求一封，本科毕业三年内的申请者提交老师的推荐信即可，毕业超过三年的提供雇主的推

---

① 本书都是以新生作为读者对象的，如果您已经申请了法学院，对于这些要求应该非常熟悉了，这里不再赘述。

荐信即可。再如在个人陈述的要求中,明确给出了3个写作的论点供申请者参考:

观点一:Why have you chosen to apply to Loyola University Chicago School of Law?

观点二:What attributes or characteristics best describe you, and how will they contribute to your success as a law student and member of the legal profession?

观点三:Diversity Statement — The School of Law recognizes that the ability to overcome hardships or unusual circumstances, together with other factors, may indicate increased potential for success in the study of law. Applicants who wish to have hardships or special circumstances considered as a factor in theadmission process should identify and explain the particular circumstances and provide an explanation of why it is a factor.

这些无疑会减轻很多申请者的疑虑,使他们在着手写作时不会感到无从下手。

非常有意思的是在这个申请页面中,洛约拉大学给了两篇文章的链接,分别是由该校法学院院长 David Yellen 撰写的 How to Choose a Law School 和一个由该校法学院制作的 PDF 文件——The Do's and Don't's of a Good Application。这两篇文章非常经典,可供申请者参考品评。

从洛约拉大学 J.D. 的申请要求中,结合哈佛大学法学院和华盛顿大学法学院的 J.D. 录取要求,我们会感到它们在材料上基本要求是一样的,因此这里不再多述。

洛约拉大学法学院提供的 LL.M. 学位有如下 8 个:

① Business and Corporate Governance Law LL.M.

② Child and Family Law LL.M.

③ Health Law LL.M.

④ LL. M. in International Law

⑤ Tax Law LL. M.

⑥ Advocacy LL. M.

⑦ LL. M. in Rule of Law Development

⑧ LL. M. in U. S. Law for Foreign Lawyers

其中 Business and Corporate Governance Law, Child and Family Law 和 Health Law 同时可以授予 M. J. 学位。

在 LL. M. 和 M. J. 各专业的申请要求中，洛约拉大学法学院并没有给出更为详尽的专业介绍，而是开门见山地给出了不同的申请要求，这些申请要求归纳起来可以分为如下两个方面：

① 针对 LL. M. 申请者，需要提供申请信、个人简历、个人陈述、推荐信、毕业学校的成绩单，国际学生需要提供 TOFEL 成绩，所有申请者必须具有法律或与法律相关的本科学历。

② 针对 M. J. 申请者，需要提供申请信、个人简历、个人陈述、推荐信、毕业学校的成绩单，国际学生需要提供 TOFEL 成绩，所有申请者必须具有学士学位（并不要求是法律专业），申请者需要具有 2～3 年的相关领域的专业实践。

从这两个方面的比较中，我们可以看出 LL. M. 和 M. J. 的明显区别，如前所述，M. J. 并不像 LL. M. 那样要求学过法律专业，这是一个最明显的区别。另外一个区别是 M. J. 必须具有 2～3 年的相关领域专业实践，而 LL. M. 申请者则无此要求。这说明 M. J. 更多的是培养具有专业实践的非法律专业的工作人员，旨在使他们在本专业的研究中同时了解本专业相关的法律知识。

另外，有一个需要注意的问题，在 M. J. 的申请要求中，明确说明并不需要 GRE 成绩，这是一个很有意思的问题。GRE，全称 Graduate Record Examination，中文名称为研究生入学考试，适用于除法律与商业外的各专业，由教育考试服务处（Educational Testing Service, 简称 ETS）主办。GRE 是世界各地的大学的各类研究生院（除管理类学院，法学院）要求申请者所必须具备的一个考试成绩，也是学校对申请者是否授予奖学金所依据的最重要的标准。在法学院的申请中，我们知道，最重要的是 LSAT 成绩，TOFEL 成绩也可用于申请 LL. M. 或 J. S. D.，而在商学院的申请中最重要的是 GMAT[①] 成绩和 TOFEL 成绩，除此以外，所有的美国研究生院的录取都需要提供 GRE 成绩。而偏偏 M. J. 另辟蹊径，既不需要申请者具备法学学士学位作为申报资格，又不需要申请者参加 GRE 考试入学，这就为很多非法律专业学士提供了另一条道路获得学习法律的机会。但是，现实的问题是 M. J. 是不能参加美国律师资格考试的，所以这个学位学完，能够做的工作就只是从事相关领域的理论研究或政策制定了。因此，如果你愿意做一名教师或理论研究者，或者你是政府公务人员，那么申请 M. J. 将是个不错的选择。

最后我们来看洛约拉大学的法学博士申请要求。洛约拉大学设立了一个专业的法学博士学位，就是 S. J. D. in Health Law Program for Attorneys，即针对律师开设的保健法学博士学位，与之相应，还有一个 D. Law in Health Law Program for Health Care Professionals，也就是针对卫生保健专业人员的法学博士。

两个学位的申请要求在网页上是这样表述的：

"S. J. D. Degree：

— Applicants must hold a Bachelor's degree, a primary degree in law (J. D. or LL. B.), a Master of Laws (LL. M.) in

---

① GMAT 是 Graduate Management Admission Test 的缩写，中文名称为经企管理研究生入学考试。它是一种标准化考试，目前已经被广泛地用作工商管理硕士的入学考试，是当前最为可靠的测试考生是否具备顺利完成工商管理硕士项目学习能力的考试项目，专门帮助各商学院或工商管理硕士项目评估申请人是否具备在工商管理方面继续深造学习的资格。因为 GMAT 的主办方 GMAC，其成员包括世界各地许多知名的商学院，所以 GMAT 成绩获得全球各大商学院的普遍认可，是目前世界范围内申请攻读 MBA 时最被普遍要求申请者所提供的一个考试成绩。

health law or a related field, or a master's in health administration or public health.

— Applicants must prepare and submit with their application a detailed research proposal of their intended dissertation project.

D. Law Degree：

— Applicants to the D. Law program must be a graduate of a Master of Jurisprudence（M. J.）in health law program. During any given academic year, only one M. J. graduate may be admitted into the D. Law program.

从这个要求上来讲,区分开了 LL. M. 和 M. J. 获得者的申请方向,即 LL. M. 只可以申请 S. J. D. ,M. J. 只可以申请 D. Law。

在 Application Process for S. J. D. and D. Law Degrees 一栏中进一步说明了申请 S. J. D. 和 D. Law 需要递交的材料清单,包括:

① Completed Application Form（完成申请表格）

② Two letters of recommendation from persons familiar with their education or work experience（两封推荐信）

③ Official transcripts from all colleges and universities attended（正式成绩单）

④ Personal Statement（个人陈述）

⑤ Resume/CV（个人简历）

⑥ Research Proposal（研究计划）

这些在所有的法学博士申请要求中都基本相同。

通过对哈佛大学法学院、华盛顿大学法学院和芝加哥洛约拉大学法学院相关资料的分析,我们不难看出这 3 所大学各自有各自的培养特色,哈佛大学法学院注重于培养"leader";华盛顿大学法学院倾向于培养"lawyers"或者"policy makers";而芝加哥洛约拉大学法学院则更希望学生能够"emphasis on service to others"并成为"responsible leadership"。作为申请者,我们就要分析自身是否符合这样的培养要求,或者说这样的培养要求是否与我们的职业规划或人生理想相适应,只有合适的才是最好的。当然,美国有100多所法学院,那么就有100多种相似而又各具特色的培养目标,我们不可能对每一个法学院都进行透彻的研究,但是当你在考虑申请某个法学院的时候,研究清楚该院的培养目标,将会为你未来的申请和学业的完成,乃至成功地成为一名律师或法律工作者奠定良好的基础。

第三节　申请资料的准备

了解完哈佛大学法学院、华盛顿大学法学院和芝加哥洛约拉大学法学院的录取要求后,大家对法学院的申请材料有了一个基本全面的了解。那么这些材料在录取人员眼中具有什么样的权重?我们又该如何去准备这些材料呢?

在《飞跃手册——出国留学申请全攻略》中,北大的学生给出了一个申请资源的重要性排序:即"关系＞论文＞GPA＞工作经历＞TOFEL 和 GRE 成绩(在法学院,是 LSAT 成绩)"[①],这一公式是无数北大学生在申请过程中总结出来的经验,这里我无意去评论这种排行正确与否,只想在此基础上讨论一下法学院的申请办法。

就这个不等式而论,关系是一切法学院录用的最佳的途径,如果你和某一法学院的教授甚至录取人员交厚,那么你的录取几率将会被大大提高,这是一个不争的事实。所以,在申报法学院以前,最好能够通过参加各种学术活动与心仪的教授建立起有效的学术沟通,这将会帮你推开录取的大门。所以,毋庸置疑,作为每年成千上万的申请者之一,我们如果能够建立这种关系,那么你的

---

① 《飞跃手册——出国留学申请全攻略》,北大未名 BBS 飞跃重洋版,第 14 页。

申请材料将会成为重中之重。

在录取季,每一个美国法学院都会收到成千上万的申请资料,这些资料将会堆满录取人员工作场所的每一个角落,而且在其中也有各种五花八门的申请方式。因为每一个申请法学院的学生都是同学中的佼佼者,而为了获得法学院的录取,他们会想出各种办法使自己的申请资料能够给录取人员留下深刻的印象。比如哈佛法学院就曾经收到一个学生的申请资料,在资料里夹了一只皮鞋,申请者在申请信中写道:"我的一只鞋已经踏进了哈佛法学院,请让我把另一只也踏进来吧。"因此,作为录取人员,每天都在面对着各种申请资料,日复一日,年复一年,他们的工作有时也像是风险投资者,因为他们平均用在每个申请资料上的时间只有5分钟左右,而他们要在这5分钟内决定这个申请者的命运。那么就让我们来看看,这5分钟内我们的命运是如何被决定的吧。

一、数字的游戏

对于每一套申请资料而言,里面有几个数字是最明确的参数,这包括LSAT、GPA和TOFEL成绩。在《飞跃手册——出国留学申请全攻略》中把这些数字放在重要性的最后一位,但是在录取人员考察申请者资料时,这些数字却往往放在第一位去考虑。

在这3个数字中,首先是LSAT和GPA成绩,其次是TOFEL成绩,而作为J.D.申请者是不需要TOFEL成绩的。录取人员在审核资料时会首先找到这些数字,前面提到录取人员放在每个申请资料上的时间大约有5分钟左右,这其中的第一分钟就是在这些数字上。

在很多法学院的录取页面上或者相关介绍页面上,我们都可以查到已被录取的学生的最高GPA成绩、最高LSAT成绩和中间GPA成绩、中间LSAT成绩。所谓中间成绩指的是,举例来讲,如果你的LSAT成绩是中间成绩,那么意味着比你LSAT成绩高的学生数正好是全部被录取学生数的一半。这个数据经常出现在法学院的录取页面即 Admission 目录里,有时候会在 FAQ (Frequently Asked Questions) 中出现。如果在学校的页面中查不到,可以登录 www.lsac.org,在 ABA-LSAC Official Guide to ABA-Approved Law Schools 里面查到每个学校录取者成绩排列的第 25 个百分点和第 75 个百分点的成绩,虽然这个成绩不是我们所说的中间点,但是可以给你以参考。这里必须注意的一个问题是,你要确定你查到的是最近的录取分数情况的说明,因为有些时候在短短的几年中,这些数字的变化是很大的,而且有时仅仅是一两分的变动,也会影响到你在排名中数百位的变化。

看到这个数字时,你就能够很快确定自己的申请形势了。要知道,当录取人员打开第一份申请者资料时,他并不知道今年的数据会是什么样的,今年的录取者中间 GPA 和中间 LSAT 成绩要等到录取结束后,才能够统计出来。所以在录取人员的脑海中,一个明确的标杆就是去年的录取者中间 GPA 和中间 LSAT 成绩。那么试想,你的这两个数字和去年的录取者中间 GPA 和中间 LSAT 成绩相比会是什么样的呢?当你的这两个数字高于去年的录取者中间 GPA 和中间 LSAT 成绩时,恭喜你,你已经有了很大的希望被录取了,而且是高得越多,被录取的可能性越大。当你的两个数字低于去年的录取者中间 GPA 和中间 LSAT 成绩时,要小心,你有可能不被录取,而且低得越多,被拒的可能性就越大。

说到这里,我们会有一个疑虑,在《飞跃手册——出国留学申请全攻略》中,GPA 和 LSAT 成绩不是最不重要的吗?为什么在这里似乎成为关键性的问题了呢?请注意,我刚才谈到,这两个数字的考察是录取人员用在你的申请资料上的 5 分钟的第一分钟,后面的 4 分钟才是关键。而这里提到决定性的两个数字,是因为这两个数字和去年的录取者中间 GPA 成绩和中间 LSAT 成绩相比的情况,将会决定录取人员在后面的 4 分钟里查看你其他申请材料的态度。

这里面非常有意思的是,当你的成绩足够高的时候,在下面的4分钟里,录取人员审查你的申请材料的目的,是要看一看有没有什么问题或原因使他们要拒绝你;而当你的成绩低于相应数字的时候,在下面的4分钟里,录取人员审查你的申请材料的目的,是要看一看你有没有什么特殊的优势,使他们决定录取你!

在实践中,这个比例并不是非常准确,一般而言,根据概率分布曲线,在申请者中很可能有60%～70%的得分是非常相近的;剩下的30%～40%中可能有一半是得分非常高的申请者,还有一半是得分非常低的申请者。在这3块中,你可以从LSAC页面的录取者成绩排列的第25个百分点和第75个百分点的成绩得到信号,看自己大致属于哪个区段。

当你属于得分非常高的15%～20%的时候,那么你的任务是在准备申请资料时采取保守的态度,让你其他的申请资料保持严谨性,不要让录取人员从中发现有问题的地方,一些不是很能说明问题也不是必须的材料尽量不要投递,一些具有争议性的观点的论文也不要作为writing sample去投递,更不要在申请资料中为了增添色彩而加入一些很勉强的甚至不真实的信息。换句话说,你已经踏上船了,你的目的是不要从船上掉下来。

当你属于中间段的60%～70%的时候,因为并不是这个区段的申请者都会被录取,你的任务是在其他的申请材料中让录取人员看到你的特色,而不让他们感觉你是一个一般的、平凡的申请者。因为在中间区段里,很多时候仅仅是因为申请者的申请材料中并没有显示出他有什么特色,而使录取人员对他的申请感到乏味,从而被拒绝。作为这个区段的申请者,尽可能把你的申请资料做得全面而有特色,并考察目标法学院的培养要求,尽可能把自己描述成它们需要的那个人。

当你属于分数低的15%～20%的时候,你的任务就重了,你必须把自己的特长表现出来，也就是说你必须让录取人员看到，在分数以外你有一个或几个非常优秀的特长，从而使他们认为你是一个超常的学生，破例录取你是正确的选择。这时候，你的论文，你的工作经历就成为至关重要的因素了。抓紧时间在申请前大量写作并发表一些论文，积极参与一些社会工作，特别是和申请专业相关的有意义的社会活动，并在其中争取承担一定的专项任务，如果能够获得相应的奖励或荣誉称号，都能够很好地弥补你的数字的不足。

二、资料的准备

了解了这个数字的游戏后，我们开始看各种资料的准备。

1. LSAT 成绩

LSAT 全称为 Law School Admission Test，是美国法学院入学考试的缩写，是由位于美国宾西法尼亚州的 LSAC 负责主办的。美国每年举行 4 次 LSAT 考试，分别于 2 月、6 月、10 月、12 月举行。另外在加拿大和少数几个国家也设有考点。目前这一考试在中国大陆地区一年举行两次，分别在 6 月和 12 月，考试地点由国家教育部国外考试中心统一安排设在北京大学，而在中国香港则 4 次都有。LSAT 成绩的有效性依学校而不同，有的是 3 年，有的是 4 年或 5 年，所以准备赴美攻读 J.D. 学位的国内考生可以在申请前 3 至 5 年之内参加任何一次考试。对在校的大学生而言，英语基础好的大一或大二学生都可以参加 LSAT 考试。

LSAT 考试有 5 部分，由 4 个计分的部分和一个不计分的部分，及一个不计分但会发给学校的 writing sample 组成，总共会有 101 道题算分。其测验的重点为逻辑推理及阅读能力，包括阅读理解、逻辑推理及分析推理 3 个方面的内容。每部分考试时间为 35 分钟，另加 30 分钟的写作。考试一般在 8:30 开始，先进行 3 部分的考试，这 3 部分中有一个部分是不算成绩的。然后是大约 10 分钟的休息。接着是另外两部分的考试和写作，一般在下午的1点多考试结束。

在题型上，阅读理解部分和GRE的阅读理解很相似。大致相当于在35分钟内完成4篇GRE的长文章的阅读，所以时间比GRE紧张。4篇文章的难度通常不一样，两篇较容易，一篇适中，一篇较难。每篇文章有5~8个问题，共25~28个。逻辑推理部分类似于GRE的单题，每部分有24~26道题。如果你恰巧碰到加试的不计分的一部分也是逻辑考试题的话，你就可能要做多达75道以上的单题。分析推理也和GRE的分析题差不多，一般是4个主题，每个包括5~7个不等的问题，共23~24个。这部分常常是理工科学生的强项，可惜也是题目最少的一部分。

LSAT考试满分为180分，最低分为120分。虽然每次考试的计分略有差别，但大致是101个题目做对98个以上可得180分，做对88个可得170，做对73个可得160。另外就是百分比，90%大致是163分。LSAT成绩可在3周后电话查询，5周内LSAC会寄出成绩。和ETS不同的是，LSAC会将标准答案和考生的选项以及评分等都寄给考生。这显然比ETS要透明得多了。所以也就发生了2000年10月，由于考生集体对考试中的一道题目质疑，而使LSAC不得不更改部分考生的分数，给他们都加了一分，别小看这一分的事件，它可能意味着好几个百分点！

报名参加LSAT考试，可以访问www.lsac.org网站，在网上直接报名。登录网页后，首先，要自己注册一个LSAC的账号，我们要考LSAT的同学大部分都还是要申请J.D.的，选择Future J. D. Student就好。进入自己的主页以后在LSAT一栏下选择Register for LSAT后就开始LSAT的报名了。在网页上报名程序一共分为五步：第一步，选择地点（Location），分为亚洲、美洲、欧洲和非洲、大洋洲、中南美洲6个地方；第二步，选择考场和日期（Date and Center）；第三步，确认考试信息（Confirmation）；第四步，把考试添加到购物车里(Add to Cart);第五步,付款(Checkout)。在第五步的页面中有一些注意事项需要阅读一下,其中包括进入考场的要求。付款成功后自动进入 ORDER CONFIRMATION 页面,可以打印保存,到这步报名就算成功了,如果不放心的话可以再进入 LSAT STATUS 确认一下,Ticket 也是在本页打印。

如果没有信用卡无法网上缴费报名的话,可以向 LSAC 发一封电子邮件索取免费报名表格,填写好后,连同购买的汇票一起邮寄到 LSAC 即可。LSAC 会在考试前将准考证寄给你本人,如果到考试前一周还没收到准考证,也不必着急,可以与 LSAC 联系要求其将准考证传真给你,一样可以参加考试。

LSAT 考试与托福相比,其难度不可相提并论。LSAT 考试面对的考生大多数是美国学生,而这些美国学生中有 83% 的人考不到 160 分。对一个普通人来说,LSAT 的障碍似乎不单单在语言方面,还在于逻辑能力、分析能力等综合能力。按照 LSAC 的官方说法,LSAT 考试旨在 "measure skills that are considered essential for success in law school: the reading and comprehension of complex texts with accuracy and insight; the organization and management of information and the ability to draw reasonable inferences from it; the ability to think critically; and the analysis and evaluation of the reasoning and arguments of others"。

对中国学生而言,针对 LSAT 考试,一般需要参加 3 到 6 个月的 LSAT 考前培训,熟悉考试的内容和技巧。由于国内参加 LSAT 考试的学生非常少,每次考试在北京大学的考场中中国人加上外国人也仅有二三百人而已。如果把复习时间拉得过长,则很容易因为复习中缺少同路人产生孤独感,严重影响复习情绪;而如果时间过短,又很容易因为仓促而准备不足。

关于 LSAT 考试有一个重要的问题,就是考多少次的问题。很多考生会认为,我要多参加几次考试选择自己最好的考试成绩,甚至像中国学生参加其他考试一样，实施以考代练，通过反复考试去提高自己的成绩。这是一个严重的错误。我们必须明白，所有的 LSAT 考试成绩都将会被送到你所申请的学校，而不是像 TOFEL 成绩那样，只把你设定的某次考试成绩寄送出去。而在很多美国法学院中，他们会考察你递送的所有的 LSAT 成绩中的平均成绩。所以如果你在考试临近的时候还没有准备好，那么最好是改变考试日期。你只需要在考试结束的前一周，填写 LSAC 提供的表格并寄给 LSAC，就可以参加下次的 LSAT 考试，这样你就有充分的时间准备考试。同时你也可以在考试前申请取消你的考试，无论是取消考试还是更改考试时间，这些操作都不会报送到你所申报的法学院，也就是说对你的申请毫无影响，但是你必须确定你确实取消或者更改了考试时间，千万不要缺考。如果你报名考试却没有按时参加，你的缺考记录也会被送到法学院，而很多法学院会认为你是一个不负责任的人，从而严重影响你的录取。在考完 LSAT 以后的九天内，考生还有机会取消成绩，这样你的本次考试成绩将不会被递送到所申请的法学院，但是法学院的录取人员能够知道你取消了成绩。这种情况也要很注意，因为作为法学院的录取人员，他们经常看到有考生会取消成绩，美国法学院的录取人员很多时候也会很体贴地认为你在考试当天可能会出现某种状况，比如身体不适或者心情不好，他们一般不太在意这种情况。但是如果你多次考后取消成绩的话，他们就会是另外一种态度了，他们会认为你是一个承受不了压力、意志不坚定的人，而这样的人是无法完成法学院学业的。所以，除非你有特别的状况证明，否则你的申请很容易被拒绝。

这里要告诉所有参加 LSAT 考试的伙伴们一个事实，不要认为自己考过一次后，再努力复习就可以在下一次考试中取得好成绩，第二次考试的风险是非常大的。在 LSAC 的统计中，第一次考试成绩为 143 分的 981 个参加第二次考试的人中，只有一个

(0.1%)考到了 160 分,没有一个考到 170 分,然而在其中有 98 个人(10%)考的成绩比第一次还要糟。所以,如果你不喜欢 140 多分或 150 多分的成绩,那么充分的准备是第一位的,绝不要指望在一次考试失利后再去争取第二次的机会,这也许就是美国法学院的残酷性。

2. TOFEL 成绩

TOEFL 考试(The Test of English as a Foreign Language,简称 TOEFL)是由美国教育测验服务社(ETS)举办的英语能力考试,全名为"检定非英语为母语者的英语能力考试",中文音译为"托福"。TOEFL 有 3 种,分别是:PBT—Paper Based Test(纸考),满分 677 分;CBT—Computer Based Test(机考),满分 300 分;IBT—Internet Based Test(网考),满分 120 分,新托福指的是网考,满分是 120 分。在法学院的申请要件中,TOFEL 成绩并不是 J.D. 的申请要件,因为很多法学院认为 LSAT 已经足以说明申请人的英语水平了,但是在 LL.M. 的申请中以及 Ph.D. 的申请中,对外国学生均要求其 TOFEL 成绩,除非申请人在以英语为教学语言的学校获得过毕业证明。

TOFEL 考试是目前申请美国院校最重要的语言能力考试,在全球 170 多个国家和地区共设立了 1700 多个 TOEFL 考试中心,在中国大陆一共有 133 个考场,编号从 STN80000 到 STN80132。按照考场开放的顺序排序,第一个开放的托福考场是 STN80000 北京工商大学,其中四川、陕西、河南、上海等地的考场最为紧张。

2005 年 9 月,美国教育考试服务中心 ETS 在全球推出了一种全新的综合英语测试方法,即能够反映在一流大专院校教学和校园生活中对语言实际需求的新托福考试,即 TOEFL IBT(Internet Based Test),也就是以网络为依托的 TOFEL 考试,简称网考。TOEFL IBT 由四部分组成,分别是阅读(Reading)、听力(Listening)、口试(Speaking)、写作(Writing),每部分满分 30 分,整个试题满分为120分。目前国内考试都是以网考形式进行。

阅读(Reading)部分有三篇文章,每篇文章对应有11道试题,均为选择题。除了最后一道试题之外,其他试题都是针对文章的某一部分提问,试题的出现顺序与文章的段落顺序一致。最后一题针对整篇文章提问,要求考生从多条选择项中挑选若干项对全文进行总结或归纳。这部分持续时间为1小时,在此时限中考生可以复查、修改已递交的答案。

听力(Listening)部分由两篇较长的校园情景对话和四篇课堂演讲组成,课堂演讲每篇长约5分钟。由于是机考,考生在听录音资料之前无法得知试题。在播放录音资料时,电脑屏幕上会显示相应的背景图片。考生可以在听录音过程中记笔记。考生不能复查、修改已递交的答案。这个部分持续大约50分钟。

口试(Speaking)部分共有6题,持续约20分钟。第一、二题要求考生就某一话题阐述自己的观点。第三、四题要求考生首先在45秒内阅读一段短文,随后短文隐去,播放一段与短文有关的对话或课堂演讲,最后,要求考生根据先前阅读的短文和播放的对话或课堂演讲回答相关问题,考生有30秒钟的准备时间,然后进行60秒钟的回答。第五、六题要求考生听一段校园情景对话或课堂演讲,然后回答相关问题。考生有20秒钟的准备时间,之后进行60秒钟的回答。考生可以在听录音过程中记笔记以帮助答题。在准备和答题时,屏幕上会显示倒计时的时钟。

写作(Writing)部分要求考生在1小时内完成两篇作文。其中一篇要求考生在30分钟内就某一话题阐述自己的观点,字数要求为300字以上。另一篇则要求考生首先阅读一篇文章,5分钟以后,文章隐去,播放一段与文章有关的课堂演讲。课堂演讲列举了一些论据反驳文章中的论点、论据。随后要求考生在20分钟内写一篇作文,总结课堂演讲的论点、论据,并陈述这些论点、论据是如何反驳文章的论点、论据的,字数要求为150字到225字之间。在写作时,文章会重新显示在屏幕上。这篇作文不要求考生阐述自己的观点。

一般在实际考试中,考生往往会在听力或阅读部分碰到加试试题,也有可能在阅读、听力两部分同时被加试。加试部分不计分,但考生并不知道哪一部分是加试部分,所以应该认真对待。

TOFEL 的准备时间要视申请者的英语水平而定,有些英语专业水平较好的学生可以在不复习或简短复习的情况下,仅靠了解有关命题规则就考出 100 分以上的高分,而有些英语能力较差的申请者可能要进行一年以上的培训才能考到比较理想的分数。对于中国学生而言,TOFEL 考试最大的难点在于听力训练,TOEFL IBT 考试中除了阅读部分,剩下 3 个部分均与听力息息相关,而在中国的传统教学中,英语听力和口语的训练非常少,所以很多中国学生在阅读部分可以拿到满分,而其他 3 个部分却因为听力原因失分较多。

TOFEL 成绩在整个申请材料中属于一个基础数据,所谓基础数据,就是说是必须的数据,但不是决定性的数据,换句话说,TOFEL 成绩是一个敲门砖,但并不是申请者被录取的充分条件。很多学生受到误导,认为 TOFEL 成绩好就一定会被录取,甚至是获得奖学金的必要条件,那就大错特错了,就笔者所知就有很多获得奖学金的学生并没有拿到必须的 TOFEL 成绩,而在入学后被要求加修语言课程。

由于 TOFEL 成绩是语言能力的一个综合反映,所以大多数美国学校对 TOFEL 成绩的要求是非常近似的。举例来说,大多数美国法学院对 TOFEL 成绩的要求在 89~100 分之间,除了极少数学校要求达到 100 分以上,而这个分数要求并不是和学校的排名相关的,一些排名在前 40 的学校可能只要求 TOFEL 成绩有 89 分以上,而一些排名在 80 名以后的反而会要求到 100 分左右。这只反映各个学校对语言的要求不同,并不体现对申请者的专业要求。

笔者曾经访问过一个仅仅成立三年的培训学校,他们对 TOFEL 的要求就是 89 分,而加州大学戴维斯分校法学院(全美排名 40 位)的要求也是 89 分。

申请者必须明白一个问题,TOFEL 反映的是你的语言情况,而与你的专业能力、努力状况、对法律的理解和把握毫无关系。而在录取中,越是有名的学校,关注的重点往往在于你的专业,对 TOFEL 成绩反而不在意,越是差的学校有时候越会把 TOFEL 成绩作为一个重要的评估标准。

TOFEL 考试的成绩是根据申请者的要求递送的,在每一个申请者的 TOFEL 账号里,都有这个申请者每次参加考试的成绩记录,申请者可以根据自己的需要递送相应的成绩。这里之所以说相应,是因为很多学校在 TOFEL 成绩的要求上会有不同,除了对总分要求以外,有些学校会要求分项成绩,或者有些学校会要求某一项或某两项的成绩总和,这样在递送成绩的时候就要考虑递送哪一次的成绩了。

正是因为 TOFEL 考试不像 LSAT 考试那样把所有的成绩都递送给申请院校,所以很多申请者会多次参加考试,以期考出理想的成绩。但是以笔者的经验,如果考试参加的次数多了或者复习的时间久了都会产生厌倦情绪和放松心理,这种心理状态往往会直接影响到你的考试成绩。因此,笔者仍然建议所有的申请者认真复习,好好准备,最好一次性考出理想的成绩,如果确实存在准备不足的问题,或临时性的意外,以不超过两次考试为佳。事实上,很多考生都会至少两次参加 TOFEL 考试,而很多考生的第二次成绩都没有第一次的成绩好。

3.GPA 与成绩单

GPA 和成绩单对很多本科刚毕业的学生而言是非常重要的材料,因为就国内学生而言,在本科阶段要参加各种各样的考试,很多学生在校期间就是把所有的时间用于准备这些考试了,因此在他们的专业背景中,基本上就是靠各种考试的成绩和GPA来显示他们的学术能力的,而基本上没有参加社会活动或者法律实践。

但是要注意的是,GPA和成绩单的递送有两个方式,一个是通过LSAC,另一个是邮寄递送。

前文已述,很多著名法学院在申请时需要通过LSAC来递送所有的材料,这里面就包括GPA和成绩单。康奈尔大学的Rick Geiger教授提出:"Not all 3.5 GPAs are equal(并不是所有的3.5的GPA都是一样的)。"[①]这里至少有3个原因:一是申请者获得GPA的院校的教学质量不同;二是在不同的院校中评分标准不同,甚至在同一所院校中不同课程的评分标准也不同;三是不同学校对GPA的计算方式不同。针对这种不同,LSAC给出了一个相对公正的解决方案。

LSAC有一套精确的计算分析方式,并在此分析基础上制作一份Academic Summary Report,随同你的材料递送给你所申请的法学院。LSAC开始收集数据并制作这种报考起于1976年,迄今为止已经掌握了相当精确的数据,对于我国的很多著名院校,他们也有详尽的记录。对中国学生而言,在随同你的资料寄送的这个分析记录中主要包括3个方面的内容:一是对你曾经修习过的所有学术机构的介绍,LSAC会根据你的成绩单详尽记录你所修习的所有的学术机构情况,以及在该机构修习中你的专业情况、在学业上取得的成绩或奖励、转学情况、国外交流情况等;二是从1991年起,你所在的学校学生参加LSAT考试的得分情况,这个信息相当重要,录取人员可以从这个数据中得知你所在的学校的竞争激烈程度,从而根据你的GPA成绩得知你的具体情况。比如说,你所在的学校有20%的学生在LSAT考试中处于前5%,而有10%的学生处

---

① Joyce Putnam Curll, The Best Law Schools' Admissions Secrets. Sourcebooks, 2008, P135.

于前 6%～10%，这说明你的学校竞争性非常强；而如果你的学校只有 3% 的学生可以进入 LSAT 考试的前 10%，那么录取人员就会认为你的学校竞争力不是那么强。应该说，这个分析数据对中国学生来讲并不一定是个好事，因为虽然诸如北京大学、中国人民大学等在美国就读法学院的学生使得这些学校的竞争力显示非常强，但是仍然有大多数的中国学生只是毕业于国内的一般院校，这些院校在 LSAC 中的记录几乎是空白，这对申请者很不利。LSAC 提供的第三项数据是申请者所在学校的整体 GPA 情况，LSAC 提供的这个数据只是你所就读期间，你在学校的整体 GPA 评分情况，从这个情况，录取人员可以看到你所在的学校对 GPA 评分的宽松度，比如说同样是 3.6 的 GPA，如果你所在院校只有 10% 的人 GPA 在 3.6 以上，那么你的竞争力就比同样拿了 3.6 的 GPA 但是他们学校有 30% 的人 GPA 在 3.6 以上的申请者强。

还有一些法学院允许邮寄递送，这也包括 LL. M. 和 Ph. D. 的申请者。邮寄递送时要注意两个问题：一是由谁递送。二是如何递送。在所有的法学院申请要求中都要求官方成绩单，如果你的成绩单来自美国的高校，那么你要与校方联络递送，在美国高校中，你可以在个人系统中查到自己的成绩，但是这些成绩单往往不是官方成绩单，官方成绩单是要通过各种渠道向校方申请邮寄的，一般情况下可以在线申请后由学校直接寄送到你所申请的法学院。如果是国内的高校，一般没有代理寄送，而需要个人查询寄送。目前国内高校一般都会设有档案室，到档案室查询到自己的成绩单后才可以寄送。这里要注意一个问题，就是成绩单的翻译问题，因为国内高校成绩单都是中文的（个别高校会使用双语），所以必须自行对成绩单进行翻译，翻译后要把原始成绩单和翻译对照稿一起拿到学校，由档案室进行核对后盖章。盖章时要在成绩单的每一页进行盖章，一般盖在页面左上有学校名称的地方，如果是多页的还要加盖骑缝章，盖好后，要用信封进行密封，并在信封封口处加盖学校公章,这里建议申请者使用印有本校名称的信封。

对于很多中国院校而言,都会有自己的 GPA 计算方法,这些计算方法与美国高校的计算方法不同,而且各个高校在评分的把握上也有很大的差异。比如有些院校在评分时相对严格,学生大多数课程成绩都是在 70 分到 80 分之间,而在 GPA 的计算上又采取了分段制,也就是成绩在 90 分以上 GPA 为 4.0,80~89 分对应 GPA 为 3.0~3.9,70~79 分对应 GPA 为 2.0~2.9,60~69 分对应为 1.0~1.9。这样的 GPA 计算方式会使很多申请者面临无法回避的问题,就是 GPA 基本在 2.0~3.0 之间,而很多法学院的 GPA 要求是 3.0 甚至 3.3、3.5 以上,像一些顶尖法学院则直接要求为 3.8 甚至 4.0,这就使很多国内申请者失去了报考的资格。遇到这种情况时,申请者一定要与毕业学校取得沟通,在递送 GPA 和成绩单的同时递送 GPA 的计算方式,如果有可能,要把自己在本专业或本班的成绩排名附上,这样会使你的成绩单具有说服力。

这里有一个很重要的问题,就是有些申请者会对自己的某门课程成绩感到不满,或者对自己的 GPA 感到不满,请注意,所有的成绩和 GPA 是你在求学中的真实反映,一份耕耘一份收获,如果你对成绩不满只能责怪你自己当年在该课程上投入不足,千万不要试图通过修改或伪造成绩单来使自己的 GPA 和成绩单看起来漂亮一些。在 2002 年的时候曾经发生过一起令国人羞愧的事件,就是一名中国的学生在申请 UCLA 时进行了成绩单造假,结果被 UCLA 进行了全美通报,并提醒所有录取院校对中国学生的成绩单进行审核,这件事情不仅使该学生被取消录取,并且作为一个造假者在以后的签证中难以通过,也使很多中国学生的申请资料被质疑,更重要的是严重影响了中国的形象。在 UCLA 通报这一事件后,美国的高校开始对中国学生的成绩单进行严格审查,很多时候它们会直接和高校的档案部门进行联系,查询你的成绩情况,一旦出现不符,你的成绩单将会被认定为造假。在美国,造假或是说谎都被认为是最严重的道德败坏，尤其在法学院，一旦你在一次申请中造假被发现，那么你将永远被所有的法学院拒之门外。

4. 申请信

申请信是几乎每一所法学院都要求的必须材料之一，不论是申请J.D.、LL.M.还是Ph.D.，要提交的第一个材料就是申请信。对于中国学生来说，申请信是一个很陌生的东西，因为除了找工作，中国人很少为了求学而去写申请信，所以很多申请者感觉无从提笔，不过没关系，对美国学生而言，写申请信一样也是令他们头疼的一件事。

写申请信的目的是要向法学院说明你为什么要就读法学院，特别是你为什么要申请"这所法学院"。要写好申请信，就必须要对你自己和你所要申请的法学院做出充分的分析和研究。当录取人员审阅你的申请信时，他们也是在考虑你的申请是否与你的经历和背景相关，这可以看出你是否有充分的经验或学识支撑你今后的学习，他们还要看的一个问题是你申请法学院是否是一个合情合理的选择，而不是一时兴起或是对律师行业的盲目崇拜。所以，首先你要分析自己的背景和专业，看这些与你所申请的法学院的要求或该法学院的研究特长，或者与你所申请的专业是否有充分的联系。比如，你学习的是艺术专业，或者你曾经从事过艺术或影视媒体工作，那么你可以从专业出发选择娱乐法学作为申请目标。再比如，你是学习理工科的或者是计算机专业的，那么你申请知识产权法专业将是一个很好的选择。如果你是做人事工作或者学习过人力资源管理，那么选择劳动法是最好的。当你具有这些专业特点的时候，你要让录取人员感到你已经在这个专业里有所研究，在专业研究的基础上了解该专业的法律和规则是你专业发展的下一个重要目标，那么你被录取的可能性就大大提高了。

但是，有时候，我们所申请的专业可能和我们所学过的专业没有联系，我们也没有相关的工作背景，那么我们是否要申请法学院呢？我们要知道的一个问题是，很多法学院的申请者都会把专业的研究和对法律的学习认为是自己的兴趣所在，就像一个搞环境工程的人申请学习环境法学。而当你专业不对口的时候，你所要分析的就是你的个性专长是否适合法学院。实际上，很多人在本科时候，甚至在研究生阶段选择了一个专业，也许他在这个专业上取得了很多成就，但是并不表明他将来就一定从事这个专业。在本科毕业后，在工作中或者在研究生阶段转换专业的人非常多，你提出跨专业学习并不是令人惊异的事，但重要的是你要分析你为什么要转为法律专业，你觉得你在哪些方面更适合法律专业。比如说，你的逻辑分析能力、研究和写作技能、在统筹时间上的能力，甚至对各种规则的敏感性比较强，当然这些能力的体现不仅仅是你在信中说的，你一定要有证据资料去证明这些。

　　这些就是对你自己的分析，看看你是否"真的"适合去申请法学院。如果你还不确定，那么你可以通过以下途径去测试你自己。一是上一些法律课程，在本科阶段或者毕业后选择一些培训机构，去读一些法律课程或者和法律有关的课程，看你自己对这些课程是否真的感兴趣。二是和律师们或法律工作者们聊一聊，了解他们的求学和生活、工作特点，这里要提醒一点，不要只是去关注他们的收入或者他们的社会地位，更多的是要考虑他们的学业压力和工作的压力，看看你是否能够承受，还要了解他们工作的性质是否是你所喜欢的。同时，你可以向他们请教，哪些专业课程在实践中是非常重要的，哪些专业是当地律师界紧缺的，这些问题在你今后的求学过程中都非常重要。三是从事一些法律实践活动，很多LL.M.和Ph.D.的申请者都是经验丰富的律师或者教师，而申请J.D.的人很多没有职业经历，甚至有些人并不是法律专业出身[①]，

---

　　① 《2012年中国教育在线出国留学趋势调查报告》数据显示，每年大约有3000左右的留学生在出国前为非法学专业，而留学后选择了法学或政治学专业。

那么就需要去尝试一下法律实践活动,虽然申请者可能没有律师职业资格,但是可以到律师事务所去见习,实地看一看律师的工作,帮助他们做一些力所能及的事情,比如安排约见、递送材料,甚至写一些简单的文书。通过这些活动,能够使你更好地了解法律专业的生活,从而帮助你决定自己是否适合就读法学院。

分析了自己以后,就是要分析目标法学院,这个在本章第一节和第二节已经谈过,就是要找到适合你的法学院。下面就开始起笔写申请信。

申请信要有一个明确的主题,这个主题就是你为什么要申请这所法学院。常见的目的有以下几种,我们来逐一分析:

一是获得较高的收入。这是很多申请法学院的学生最原始和最本质的目的,谁都知道做律师和做医生收入高,很多人跨入这个行业就是因为这个行业的收入高。但是,有些目的我们不能作为申请理由的。如果你让录取人员知道你是为了高收入而申请法学院的,你的申请基本就会被拒绝了,因为每一个人都明白,如果你的职业目标是钱的话,那么法律最基本的价值——公平和正义,将不会再是你的职业目标。

二是就业状况。近年来,全球经济萎缩,劳动力市场供大于求,失业人员比比皆是。而在经济危机期间,最好的消费是两个,一个是旅游,一个是求学,可以用较低的支出获得平时同样的价值,这也是很多人毕业后在没有工作的时候做出的选择。虽然很多媒体都提出,在失业率较高的时候我们应该重回课堂,读读书,充充电,从而更好地返回就业市场,但是你也不要在申请信里写下这个原因。要知道,再激烈的就业市场也有就业者,如果你是因为失业或找不到工作而选择继续学习,在很多录取人员看来,他们并不认为你是一个会利用时间学习的人,而更多的时候会认为你是一个就业市场上的失败者,不具备竞争力。他们更愿意接受在工作中取得了成绩,不用担心工作问题的人,当这些人为了更好地提高自己而申请就读法学院的话,录取人员无疑会在你们两个中选择后者,因为你是失败者,而后者更具有竞争力。

三是童年的梦想,这也是很多申请者在申请信开头所使用的原因。这种动机非常正常,也很常见,但是要写好就要注意后面的措辞。对录取人员而言,他们更想看到的是你的一个"成熟"的申请动机,而不是一个三五岁孩子的想法。如果你在后面的文中只是去描述这个梦想多么美妙和诱人,那么你离失败不远了,因为录取人员会认为这只是一种你不成熟的想法或者冲动。所以在后面的写作中,你一定要描述自己为了这个梦想作了哪些准备,你取得了哪些适合读法学院的条件,你培养了自己哪些特殊的能力,而这些条件和能力恰好是就读法学院所具备的,而且你为了自己的梦想做出了一系列的铺垫和准备,法学院是实现你理想顺理成章的一步,这样,你的申请就快成功了。

四是影视作品。不错,就是电影和电视剧,很多申请者在申请信中,也包括在真实的想法中,对法学院的热爱很多都是源于这些,像《律政俏佳人》、《一号法庭》、《法网柔情》等电影和电视剧,在剧中律师的一言一行,包括在法庭上的各种指证和辩论对很多申请者影响很大。但是要注意,真正的法律执业生涯并不像电视剧和电影中那样,尤其在美国执业,很多律师甚至一辈子都没有上过刑事法庭,律师的大多数工作都是在文案中进行的。刑事辩论虽然风光,但是枯燥的文案整理和写作才是律师生涯的真实写照。如果你告诉录取人员你喜欢的是这种在法庭上的风采,那么你错了,录取人员会认为你很难转变自己成为一个在堆满文案的办公室里苦拼的律师,他们会认为你更适合做一个演员去展示自己的风采。所以,建议申请者在提出这个原因时参考在第三种情况里的建议,要写出自己受到影响后做了什么,而不是仅仅被剧情和明星吸引。

五是家庭传统。有些申请者会提出家族传统,比如父辈或祖辈都是从事法律行业的。请注意,法律行业并不具有遗传性,并不是你的父亲、祖父做律师，你就比别人更适合做律师。要申请法学院的是你自己，而不是你的父亲和祖父，所以你要写清他们的职业对你的影响，你从他们身上学到了什么，是如何学到的。不要笼统地说继承了逻辑能力和辩论能力，这些能力是后天锻炼的，是你"自己的"能力。

六是转行。很多人是转行学习法律，不论你原来从事的行业和你将要学习的专业有多大联系，一定要注意把这种转行学习描述成你专业发展的需要和你个人知识成长的必要，而不要让录取人员认为你是厌倦了原专业或者是在原专业已经没有发展余地了。比如你是一个工程师，你不要在申请信中说你已经厌倦了工程设计，每天面对图纸多么枯燥，想转行学习法律使自己的生活空间更加开阔，更多地接触社会。你要在申请信中说，你在该行业已经做了很多年，取得了很多成绩，现在你需要进一步地了解法律层面对你的专业的需要，从而更好地了解专业，并且你的原专业也会给你申请法律专业，如知识产权法，带来很多优势。比如你已经获得过专利，那么你想深入了解专利的特点和保护办法，而且你熟悉专利的申请也将对你学习知识产权法有帮助。

七是价值观。很多时候，我们在写申请信的时候实在找不出相应的理由，那么就找一些价值观吧，比如正义和公正。但是不要把你的动机描述成在某个事件中遭遇了不公，所以你要学习法律，这也是属于一时冲动。要描述出你的正义观、你的道德观，以及你学习完法律会如何去维护社会的公平和正义，并举例说明，你曾在哪些方面做出了表现。这样，你就开始走向成功了。

5. 个人陈述

个人陈述是申请资料中的另外一个重要文本材料，很多申请者搞不清楚个人陈述和申请信之间的区别，认为两个都是用来申请的文本材料，不知道各自应该表达什么内容，这里有一个简单而明确的区别：申请信是"statement of purpose"，即用来表达你申请

第二章 美国法学院申请指南

法学院的目的,而个人陈述是用于回答自己设定或在法学院申请页面提供的任何开放性的问题的文本材料,该材料的目的是为了帮助录取委员会下定决心录取你的。

在每一个申请者的资料袋里面,有很多不同的申请资料,除了个人陈述以外,还有申请信、个人简介、推荐信甚至论文范本,个人陈述和这些资料的关系可以简单归纳为立体与平面的关系。就是说,所有其他的资料在录取人员脑海里组成了一个你的平面的信息图,就像《终结者》里面机器人眼中的人一样,由各种数据构成了一个整体,而个人陈述的目的在于要使这个平面人立体起来、鲜活起来,使录取人员在数据之外可以真实地感受到你,并了解你的特点。

写作个人陈述一般会有严格的字数要求或者页面要求,因为美国一般写作论文对字体和行间距都有明确的规定,所以即使是只要求两页,也基本上限定了写作的字数。在这种情况下,申请者一定要把握好字数,绝不能超出字数要求,要知道这个个人陈述是你的一个综合性的表现,只有在规定的字数内完整表达你的意见,才能使录取人员认为你具有良好的文字把握能力,否则他们会质疑你的文字能力、逻辑能力、控制能力,甚至是理解能力。

有的法学院会在申请要求中明确个人陈述的内容,比如你为什么想做一名律师等问题,或者是提出一个开放性的题目,如在你过去生活中什么事使你印象最深等。如果是这样的题目,那么你至少省去了选题的时间,也会使你的写作更加有章可循。然而还有很多法学院并没有一个确定的主题,这就需要申请者自己去选题。

个人陈述的选题很重要,当然这个"题"指的是写作的主题或者你要讲的主要问题,而不是一个明确的标题。因为选题就是录取人员考核你个人写作的第一步。前面讲了,在你的申请资料袋里已经有很多资料了,录取人员对你的很多情况已经有所了解,现在他们要看的是你想要表明的特色性或特征性的东西,如果你的个人陈述仅仅是对于其他资料的简单复述,那么录取人员会认为你是一个把握不住机会、没有特点的人。所以很多人认为,在个人陈述中要讲清自己为什么选择法学院,这是大错特错的,因为这个问题已经在你的申请信里讲过了。如果在这里仍然选择这个主题,一方面你很难再写出申请信以外的更新的东西,另一方面录取人员也会觉得非常乏味。还有人会在个人陈述中罗列自己的论文或研究状况,那么你要注意,在这里你可以拿出篇幅来写你的研究爱好和研究特长,但是由于你的论文和科研课题情况在你的个人简历里已经罗列了,所以如果在这里为了增加篇幅而再去罗列的话,录取人员会认为你的研究只是为了研究而研究,缺少个人的研究兴趣因素。而同时,由于个人陈述一般仅仅只有两页篇幅,所以不可能把你所有的特点面面俱到地表现出来。一般而言,正确的做法是选择一个,最多不超过两个主题去写,而且限于篇幅,第二个主题一定要和第一个主题有连贯性。这样,一方面能够很好地节约文笔,用有限的篇幅说明问题;另一方面也避免一篇个人陈述被写成两篇孤立的短文。在选题时,要充分考虑个人的特点,还要考虑这些特点和法学院的录取要求有哪些联系。比如说,你热爱艺术,喜欢画画,那么如何和法学院的录取有联系呢?你就要提炼出其中一个特点,那就是创造性。再比如说,你要说你很幽默,你如果只是举出很多例子表明你是一个幽默的人,或者谈了很多你认为很有趣的事,那么你的个人陈述是失败的。首先,很多有趣的事不一定是共性的,你认为有趣并不代表录取人员认为有趣。其次,你讲这些会使录取人员感到莫名其妙,因为不知道你要表达什么。所以当你想表明自己是一个幽默的人的时候,一定要把你的幽默与你的社交能力结合起来,表明你能够通过幽默很好地与人沟通,处理很多棘手的人际关系问题。

在个人陈述的写作中,很多人有很多不同的写作方法,很多申请者试图通过写作方式的不同来使自己的个人陈述与众不同。的确,个人陈述有一个重要的作用,就是让录用人员记住你,最少能记住两个月,以便他们在向录取委员会汇报的时候能够提到你。但是,毕竟很多申请者并不是学文学的,而且在每所美国法学院的申请资料中都会有大量的五花八门的个人陈述,所以笔者建议,如果你不能够很好地把握文笔,最好还是老老实实地去写作你的个人陈述,避免弄巧成拙。写一篇好的文章有很多可以值得借鉴的方法,有人说一篇好的文章要有 3 个标准:凤头、猪肚、豹尾。凤头指的是文章的开头要像凤凰的头一样漂亮,能够吸引读者的兴趣;猪肚指的是文章的中间部分要像猪的肚子一样充实;豹尾指的是文章的结尾要像豹子的尾巴一样精练、有力,不拖泥带水。而在美国人的写作习惯中,更强调用语的直接。要明白我们写的个人陈述是给美国人看的,而且每个录取人员用在你个人陈述上的时间不超过 2 分钟。美国人的表达方式是很直接的,很少用客套话,即使是客套也会说得很直白,所以你大可不必炫耀你的词藻和文学修养,一定要注意简短、直接。

写作个人陈述时还要注意一个问题,阅读你的个人陈述的录取人员并不认识你,对你的印象只是停留在你所递交的其他资料的数据上的,所以你一定要注意在他们的印象中你应该是什么样的,你要把自己清楚地描述出来,而不要主观地认为,他们会知道你是什么样的,而轻描淡写地忽略了很多你的重要特点。比如说,你的 GPA 非常高,那么在录取人员眼中你就是一个学霸型的申请者,你不要认为他们会觉得你是一个多才多艺的人,尤其针对中国学生,他们会武断地认为你就是一个考试机器,所以如果你是多才多艺的,就一定要在个人陈述中表达出来。

写作一篇没有命题的个人陈述,首先要确定选题,在确定选题的基础上就像回答问题一样去设计写作思路。但是在写作中一定要避免像回答问题一样枯燥无味。在写作中,要充分表现你的英文语言应用能力和写作能力，尽可能避免用很绕口的句子，但是在用词上一定要非常讲究。美国法学院的教授非常讲究表达的准确性，同样的意思用不同的词表达出来效果截然不同。写作的时候可以谈谈你对某件事的看法，以及这件事对你的影响，尤其是通过这件事培养了你哪些性格上的优势。作为个人陈述一定要把你的优势充分表达出来，有时候法学院会要求写出你的优势和劣势，优势固然好写，当你写劣势的时候一定要注意，不要简单地把自己的不足写出来就完了，那样只会使你的得分下降。你要写出你的不足，同时写出你是如何在克服这些问题的，如果这些劣势解决了最好，如果没有解决，你也要让录取人员从文章中看出你面对问题时的勇气和你努力克服不足之处时的刚毅。千万不要在个人陈述中用抱怨的口气谈论对很多事的看法和社会现实，那样会使录取人员认为你只是一个满腹牢骚而没有真才实学的庸人。

在写作个人陈述的时候，可以多去阅读一些英美文学，尤其是美国的小说，学习他们的遣词造句，学习他们的表达方式，尽可能把你的个人陈述写得符合美国人的表达习惯。但是非常重要的一点是，千万不要使用什么写作模板，或者去抄袭一些个人陈述的范文，这样做会有很多弊端。第一，每个录取人员每年都要阅读很多的个人陈述，乘上他们的工作年数，他们已经阅读了上万甚至更多的个人陈述了，如果你使用模板，他们会在第一时间发现，从而认为你的写作能力很差；第二，使用模板或者抄袭其他人的范文，所写出来的文章很难准确地体现你的个人特点，从而使你的个人陈述失去了个性特征；第三，也是最重要的，当你搜寻模板或范文的时候，别人也在搜寻，如果你使用了模板，特别是使用了范文的时候，很大的可能就是录取人员会在当年的申请资料中看到几篇非常相似的个人陈述，从而认为你存在剽窃行为，而美国法学院对剽窃的处理是非常严厉的，这个在后文中会讲到。一旦你被认定为剽窃或涉嫌剽窃，你将永远被所有的美国法学院拒之门外。

6. 个人简历

对中国学生而言，个人简历似乎是最常使用的一种个人材料，不论是在申请法学院时，还是在本科临近毕业时，很多学生为了寻找工作，大量地制作个人简历四处递送。即使工作以后，还有很多人为了改善自己的工作状况和生活条件而继续制作并递送个人简历到用人单位。

在申请法学院的时候，个人简历是一个非常重要的资料，录取人员在看过你的 LSAT 成绩和 GPA 之后，往往第一个看的资料就是个人简历，原因是个人简历简单、明了，可以给录取人员在最短的时间内勾画出一个你的较为全面的信息轮廓。

法学院申请用的个人简历不应该是简单地把你原有的简历翻译成英文就可以了，也不是单单把你用于毕业应聘的简历填上之后的工作经验和考证情况就可以了，法学院的个人简历有其独有的特点。

一个申请法学院用的个人简历应当包括个人基本信息、教育情况、参加社会活动情况、工作经历和个人其他信息等几个部分。

所有的个人简介都以个人基本信息开头，也就是在开始要明确给出你的姓名、住址、联系方式（包括电话和电子邮件、邮寄地址等），中国学生习惯在个人简介的最上方正中写上"Resume"，而美国学生习惯直接开门见山地写自己的名字和信息。这两种方式都可以，但是为了使录取人员更方便地找到你的个人简介，我推荐使用中国式的写法，如果你要使用开门见山的形式，建议最好在页眉上加以标注。写个人信息的时候请注意你的名字顺序，按照美国的习惯，名是 first name，要写在前面；姓是 last name，要写在后面，所以"张三"要写成 San Zhang，如果喜欢使用中国的姓名顺序习惯的话，要在姓和名之间用逗号隔开，即 Zhang, San。如果名是两个字的话，请把两个字的拼音连起来，不要在中间加上一个"-"。地址要使用美国的写作习惯，先写邮箱号或者门牌号，然后是街道名、区县名、城市名、省或自治区名,最后是国家和邮政编码。电话号码要加上(086),最好能够提供两个电话号,以避免错过。按照美国的习惯,在个人基本信息和个人简历的其他部分之间一般用一个横线隔开,表明前面是个人基本信息和联系方式,下面是具体的个人简历内容。

个人简历的第二个部分一般是教育情况,这个部分要写明你就读过哪些学校,在学校就读期间取得了哪些成绩。如果你在申请时就读过多所大学的话,要一一将其罗列出来,但要注意一般美国的习惯顺序是按照距离目前的时间由近到远进行排序,也就是说,中国的习惯是按照由远到近顺序排序,而美国往往是把顺序倒过来,先讲最近的,从后往前一个一个的讲。每个学校要单独写,首先是校名,学校的名称一定要用官方的翻译,否则会出现3种可能:一种是你的学校在录取人员心中很有份量,但由于你翻译错了而使你丧失了这个优势;另一种是会使录取人员误认为你毕业于一个新成立的或者根本没有名气的学校;最糟糕的是第三种,如果因为你翻译错了而使你的校名与另一所名校的名字相似,录取人员会认为你在造假,那么你肯定是要被拒绝的。中国很多高校存在着由于合并或升格而造成的校名变换,遇到这种问题时要在这里标注上原校名。校名后面要注明你就读的时间,从哪一年开始到哪一年毕业,后面还要写明学校所在的城市和国家。在每所学校的下面要写清你在该校的受教育情况,包括你所获得的学位情况、GPA成绩(虽然在你的成绩单中有GPA和各科成绩的详细表述,但是在个人简介部分,作为教育的一个重要表现,GPA还是要写进去)、获得的各种荣誉称号、取得的各种奖励、参加的各种活动及在活动中担任的角色和取得的成绩。在这个部分要注意的是,简历中受教育情况和申请资料里所附的成绩单是要一一对应的,如果你在简历中介绍自己就读于某个大学并获得了相关证书,那么就要附上相关的毕业证或结业证及成绩单。如果不齐全的话,录取委员会会要求你补充材料,如果无法补上的话将会被认定该教育经历无效。

个人简历的第三个部分是工作经历。这里说工作经历是一个比较宽泛的词语,不仅包括毕业后正式参加工作的经历,也包括毕业前的实习和在校期间的一些打工情况。这里首先要说明一个问题,个人简介是一个用于描述你基本情况的资料,录取人员在读你的个人简历时也在不断试图描绘出一个生动的你,而对于录取人员来讲他们需要的是一个完整的人,而不是一个工作机器或者书呆子,所以当你写自己的工作经历时要有所取舍。的确,很多中国学生为了到美国求学,付出了常人所难以承受的艰辛,笔者当年在准备 TOFEL 的时候,就是每天白天正常上班,下班后再复习大约 6~8 小时的英语,每天复习到深夜,基本没有时间去做社交和休闲活动。然而录取人员希望你是一个刻苦的人,但不希望你是一个工作机器或者书呆子,所以当你写你的工作经历时要注意这一点,也许你为了家庭的支出不得不做两份工作,而在工作之余又忙于写作论文和出书,但是不要在简历中这样去表述,要让录取人员看到你是一个能很好地调配自己的工作时间并积极面对生活的人,乐于社会活动和与人交往,这样你被录取的可能性才能大大提高。因此,在写你的工作经历时要有所取舍,一些与你专业没有联系的经历可以考虑去掉。但是还有一种倾向也是我们要避免的,就是很多人认为某些工作经历与专业没有联系,所以没有写。请注意,如果你能够展示你在某一方面特别优秀的话,即使与你专业没有联系,也要写进去,因为这会使你显得与众不同。前面说了,当你的成绩并不突出的时候,与众不同是你被录取的最好的原因。而且,要善于发现很多工作与法律专业之间的联系,并把这种联系描述出来。比如说,你在校期间在某个餐馆打工,这个似乎和法律专业没有任何联系,但是请注意,你可以这样描述:"在餐馆打工期间学会了如何服务顾客,与顾客建立良好的关系,使顾客对餐厅的印象深刻"。而"服务客户"正是作为律师的一个重要的职业要求。再比如,你喜欢弹吉他,在酒吧里打工,这些似乎和法律也没有联系,但是你可以把这个工作描述为使你的性格非常开朗,通过音乐很好地排解压力、调节情绪。这也会增加录取人员给你的印象分,因为法学院的学业压力沉重,如果不会排解自己的压力很容易得抑郁症,录取人员当然希望招录一个性格开朗且能够很好地承受学业压力的学生。所以,在这个部分非常重要的一个原则就是要把你的经历和法学院的要求结合在一起。

第四部分是参加社会活动情况。说实话,中国申请者在这方面很不占优势,除了一些申请LL.M.的资深律师外,刚毕业的学生和刚工作的年轻律师往往由于学业和工作之初的压力,没有很多时间去参加各种社会活动。这些社会活动包括你参加社会服务活动的情况,比如义务法律咨询、慰问贫困老人、参加义务劳动以及社区服务工作等,也包括你参加的一些专业性的活动,比如参加某些运动俱乐部或者在一些俱乐部中担任一些服务性职务或承担工作;还包括一些参政议政的行为,比如担任政协委员或人大代表,或者最基层的学生代表或学生社团成员。对于美国大学而言,他们会提供各种各样的机会给学生,而中国的学生由于紧张的学习生活参加的机会并不多,如果你想成功被美国法学院录取,那么最好参加一些类似的活动,不仅是为了提高录取率,也可以为你自己的生活增添很多乐趣和惊喜。

个人其他信息是比较机动灵活书写的一个部分,主要是根据申请人的具体情况而设置的,在这个部分里可以包括个人取得的荣誉和奖励、出版发表的论文书籍、获得的资格证明以及语言情况和其他要说明的情况。在个人荣誉和奖励中要注意搞清荣誉称号和奖励的区别。在出版作品中要区分开期刊论文和书籍专著,在罗列发表的论文时要使用期刊的官方翻译,如果有可能,对期刊进行简要描述,如该期刊是全国核心期刊或者是全国核心期刊来源库期刊等,这些都会增加你的论文的权重;如果是书籍则要表明自己撰写了多少字,主要承担哪些部分的写作,该书在市场上的销量和影响等。获得的资格证明主要指各种职业或资质证书,比如最常见的律师资格证和律师执业证以及教学人员的教师资格证和职称证书等。语言情况作为附选的材料,可以写也可以不写,因为LSAT或TOFEL成绩已经可以表明你的英语水平了,但是在两种情况下一定要写:一是你学过英语以外的其他语种;二是当某些法学院由于亚洲法研究需要提出申请者必须熟练掌握一门亚洲语种的时候,你要标明自己的语种是中文。在美国,中文又分为国语(Mandarin),即普通话,和粤语(Cantonese)两种,可以根据自己的情况加以标明。在个人其他信息中还可以附上你的兴趣爱好方面的情况,比如在艺术方面或体育方面的特长。美国教育非常注重人的全面发展,也就是我们常说的素质教育,艺术和体育方面的优势会使他们认为你更为具备全面发展的可能,可以大大增加你被录取的几率。

最后,要注意一点,个人简历最好能够用一页纸写完。有些法学院也要求申请者使用一页纸或最多不超过两页纸,所以一定要好好构思和总结材料。这里也有一个很有意思的心理现象,当录取人员看你的简历的时候,如果只有一张,他会很认真地看完;如果有两张的话他就会选择性地看他所要了解的部分,而在选择的时候往往对第一页的关注会多于对第二页的关注。

7. 推荐信

对很多中国申请者而言,推荐信是一个比较陌生的东西,而同样的情况下,美国学生则更为熟悉。在美国,很多大学的申请要求中都会提到推荐信,甚至很多美国人也非常喜欢写推荐信。最新的统计资料显示,由于全球经济危机的影响,美国失业率大大提高,很多大学毕业生在面试的时候,其父母会主动要求陪同面试,而且很多父母会撰写推荐信给用人单位,这个比例甚至达到30%

以上，可见推荐信在美国有多么常见。撰写推荐信也源于美国的一种习惯，和中国人不同，美国人在证明某种事情的时候非常喜欢使用例子，所以在上课的时候经常会听到教授说"For example…"，而在日常生活中，推荐信就是一种例子。美国人看待推荐信就像是听另一个人对你的描述，除了你的个人陈述外，他们也想听听你在别人眼中是什么样子的，所以他们需要推荐信。

要让美国法学院通过推荐信得到他们想要的信息，就需要解决好两个方面的内容，一个是谁写推荐信，另一个是推荐信写什么。很多中国申请者面对推荐信非常不严肃，当然，很多时候也基于中国的国情，中国很少使用推荐信，因此老师们或工作后的雇主们并不习惯也不喜欢写推荐信，所以很多申请者往往就是自己写一封推荐信，请推荐人签字，甚至只是通知他们一声，连签字都代劳了，这并不好。虽然推荐信在所有的申请资料中往往处于非决定性地位，而且很多推荐信都是大同小异，但是如果认真对待推荐信，能够请合适的人写出一个有目的、有特点的推荐信，将会为你的申请增色不少。

首先是推荐人的选择。一些法学院给出了推荐人的要求，如在第二章谈到的关于芝加哥洛约拉大学的申请要求中，推荐信只要求一封，本科毕业三年内的申请者需要提交老师的推荐信，毕业超过三年的需要提供雇主的推荐信，这种情况下就要严格地按照要求请相应推荐人撰写推荐信。还有很多法学院只是要求了推荐信的数量，并没有明确要由谁来写，那么推荐人的选择就很重要了。在第二章中我们引用了哈佛大学对推荐信的要求"Recommendations should come from those who have had an opportunity to evaluate you carefully and individually over a sufficient period of time"，这个表述就很能说明推荐人的选择原则，而且哈佛法学院建议"two thoughtfully selected recommenders are likely to be more effective than several chosen less carefully"，这也非常说明问题。

很多中国申请者在选择推荐人的时候很盲目,可以说,作为一个在校学生,供我们选择的推荐人有很多,专业班主任、专业课教师、系主任、院长,甚至校长,还有的选择了学校的著名教授。很多申请者认为,必须是在国际上知名的教授,所写的推荐信才有分量,他的签名才具有说服力,所以就寻找本专业或者本校最著名的教授作为推荐人。还有的申请者就一级一级的找,从班主任、授课教师,到系主任、院长、校长,找到哪个是哪个,拉壮丁式地寻找推荐人。其实这些方法都不可取。从哈佛大学给出的原则和建议中,我们可以知道,推荐人的选择必须是对你了解的,能够很好地给你以评价的人,一封深入有效的推荐信要远好于一堆没有实际评价意义的推荐信。所以,如果你是在校生,需要两封来自毕业院校的推荐信的话,建议一封来自你的班主任,他熟悉你在校期间的各种表现,不仅是专业上的,也包括你的课余生活和你参加社会实践的情况,这就会是一个很全面和生动的写照。而另一封则是来自专业课教师的,如果你是申请有专业的 LL. M. 或 Ph. D.,那么最好选择在本科阶段或硕士阶段教授你这门课的教师或者导师;如果你申请的是不分专业的 J. D.,那么就选择一名最熟悉你的专业教师,要请这些教师从你的专业方面对你做出评价。如果你只需要一封,则最好由你的专业教师来写。作为已参加工作的人员,雇主是最好的选择。当然,如果你在一个很大的公司或者律师事务所工作,可以邀请你的直接上司来写。这里要注明一点,如果你是在做与法律有关的工作,最好邀请法律有关人员写作,他们会了解你在法律工作方面的特点。如果你不是做法律工作的,是其他专业申请 J. D. 的申请者,那么请你的雇主或上司针对你的工作表现来写。

其次是推荐信的内容,要解决这个问题首先要解决另外一个问题,就是如何写一封推荐信。很多中国申请者为了简便,当然很多时候也是无奈之举,自己写了推荐信草稿,拿去给推荐人看,修改无异议后由推荐人签字。这不是一个很好的办法。要知道,美国法学院之所以要求提供推荐信,是为了知道你在其他人眼中是什么样的。每个人对自己都会有评估,也会对别人有评估,而每个人对自己的评估和别人对自己的评估是不一样的,美国法学院之所以要求提供推荐信,就是要看这种不同出现在哪里,也希望在这些不同中看到一个更真实的你。要知道,美国法学院在录取的时候,不仅要考虑你是否符合录取的条件,还要考虑你是否能够完成学业,以及将来你是否能够成为一名合格的律师,所以他们要全方面地审核每一个申请者。所以当申请者自己起草推荐信时,你所描绘的仍然是你眼中的自己,而不是别人眼中的你,因此很多申请者的推荐信和自己的个人陈述或个人简历非常相似,还有很多申请者两封推荐信内容几乎一样,原因就在这里。

当你希望某位教授担任你的推荐人时,一定要和他约一个时间,好好地坐下来谈一谈,谈的时候要带上你的个人简介。带上个人简介的目的不是为了让他按照你的简介去写,而是帮助他获得一个对你全面的认识,并且能够为他提供很多写推荐信需要的证据材料。和推荐人谈的时候,要明确说明自己申请的意向,包括要申请哪个学校、什么专业、为什么要申请这个专业,从而使推荐人能够了解你的思路。然后可以和推荐人聊一聊你们在一起时候的有关情况,帮助推荐人回忆你的特点,要多听一听推荐人对你的直观印象,并能够在这些谈话中帮助他把你的一些特点进行总结和归纳,最后在这个基础上请求他来撰写。在推荐信中,一般法学院的录取人员更希望看到对申请者以下方面的描述:

① 智力情况;
② 学术经历和学业情况,以及未来在法律学习上的潜力;
③ 分析能力和逻辑能力;
④ 写作能力;
⑤ 表达能力,包括演讲和辩论能力;
⑥ 独立思考的能力以及解决问题的能力;

⑦ 平时参与课堂讨论和专业活动的情况；

⑧ 职业道德情况和品行；

⑨ 是否乐于助人和具有奉献精神；

⑩ 领导能力和合作精神。

这 10 项内容并不需要在你的推荐信中一一罗列，也并不是说一定要把 10 个方面全部涵盖，而是你可以在和推荐人的沟通中就其中的某一或几个方面进行交流，由他来进行撰写，并且要切实根据你和推荐人之间的关系和交往阶段来进行写作。

推荐信写好后最好由推荐人直接寄到你所申请的法学院，这样更具有公信力，而且在推荐信上一定要留下推荐人的联系方式，有时候美国法学院会和推荐人进行联系从而了解你更多的情况。如果推荐信是随同申请者的其他资料一起打包寄送的话，那么一定要推荐人在推荐信的封口处签名，推荐信信封最好使用印有推荐人所在单位名称的信封，如果推荐信是手写的，最好使用印有推荐人所在单位名称的信头纸。

8. 写作样本(Writing Sample)

部分法学院会在个人陈述之外要求申请者另行提供一篇 Writing Sample，这个要求主要是针对 Ph.D. 的申请者，因为对于 J.D. 和 LL.M. 的申请者而言，在他们之前的学术经历中基本上没有论文的要求。而在申请资料中要求的 Writing Sample 基本上有一个共同的要求就是这篇文章应该是 LL.M. 的毕业论文或者等同于 LL.M. 的毕业论文水平的文章。这样就比较明确了。对中国申请者而言，如果直接申请 Ph.D. 的话，申请者大多是曾经读过 LL.M. 的，那么可以直接把你的 LL.M. 的毕业论文附上。但是有两种情况下可能要另行写作论文：一种情况是，目标法学院要求的 Writing Sample 的篇幅比你实际 LL.M. 的毕业论文篇幅还要大，比如在哈佛法学院以前的 Ph.D. 申请要求中，曾经明确要求 Writing Sample 要达到 70 页，而很多法学院的 LL.M. 的毕业论文只要求50页左右，这样就使得很多申请者不得不重新写作一篇Writing Sample，或者对自己的LL.M.毕业论文进行修改，这样篇幅的Writing Sample如果写起来至少需要2~3个月的时间，因此很多申请者望而却步，也许是因为这个原因，哈佛法学院在近期取消了这个要求。另外一种情况是申请者在就读法学硕士时并没有写作毕业论文，这时就要重写或者选择一篇文章作为自己的Writing Sample了。在写作Writing Sample的时候第一个问题是选择，包括选哪些现成的文章或者选什么主题。首先明确的是，你所递送的Writing Sample应当是法律专业的，除非你是非法律专业申请D.LAW.的。其次，最好选择你曾经公开发表的论文，这样的论文一般经过出版社或编辑部的筛选和修改，具有一定的学术水平。第二个问题是修饰，虽然你选送的论文可能是你已经发表的论文，但是你还是要进行适当的修改和完善。首先要注意的是知识产权问题，国内对论文的知识产权问题规范并不严格，而美国对引用文章要求特别严格（后文会详细介绍），所以一定要按照美国法学论文的要求对有关引用问题进行重新改进，避免被误认为是剽窃行为。其次要规范写作的格式，在本书后面的章节里，会介绍美国法学院论文写作的基本格式，虽然中国申请者在递送Writing Sample之前可能还没有学过这些知识，但是一定要把你的论文按照美国的写作习惯修改过来。最后就是修饰你的语言，这个对很多没有海外学习经历的中国申请者来说会比较困难，因为美国的论文有其固定的写作格式和用语习惯，要熟悉这些格式和用语，就必须大量阅读美国的法学论文，逐步地揣摩和研究才可以。Writing Sample的准备是相当费时费力的，不过庆幸的是，通常要求提供Writing Sample的都是申请Ph.D.的层面，而要申请Ph.D.普遍要求必须是LL.M.毕业，所以大多数申请者应该都已经有现成的论文了。如果你确实没有，那么在就读以前好好熟悉一下美国法学院论文写作的要求也是一件必须要做的事，强于你到了法学院以后才开始学习要好,因为就读 Ph.D. 期间,所有的时间都会用于读书和写作,而这种写作的基本技能完全没有时间在课上学习,如果你不能在入学前掌握的话,那么在开始的一两个月里至少每天要少睡 2 个小时来解决这个问题。

9. 学历材料

学历材料是指申请者在申请法学院以前所受到的所有高等教育的证明材料,主要是指各种毕业证、结业证、学位证等。在递送申请资料时,个人简介中会填写所有的受教育情况,这里就要和个人简介对应,所有个人简介中提到的申请者所接受的高等教育都要有相应的证明材料。

国内颁发的学位证和毕业证(或结业证)一般都是中文的,需要申请者进行翻译。寄送学位证和毕业证要使用复印件,但是复印件和翻译件一定要拿回颁证学校加盖公章,公章一般盖在复印件的中间或左上角,也可以盖在原来公章的位置,翻译件要盖在左上角压字或者落款的地方。盖好章后,要把翻译件和复印件对应放好,装入信封并在信封封口加盖颁证学校公章。

这里有一个重要的问题,就是中国很多学校由于合并或升格变更了名称,如果你的毕业证书是在更名前颁发的,那么申请者一定要作一个名称变更的说明,用中英文双语写明学校原来的校名和变更情况,如变更时间、变更原因和变更后的名字,然后盖上学校的公章,装入信封并在信封封口加盖颁证学校公章。

三、资料整理

由于所有的申请资料都是文本形式的,因此需要整理后再寄送。一般而言,LSAT 或者 TOFEL 成绩是由考试单位负责寄送的,成绩单和推荐信最好由学校或者推荐人直接寄送,其他的材料由个人准备好后自行寄送,但是有时候可能所有的材料都会在你自己的手上,需要打包寄送,那么就要注意资料的整理。

在每个法学院的申请要求上,都会有申请资料的清单,一般来讲我们就要按照这个清单对申请资料排序。美国人喜欢简单有序,所以我们的排序应该是和清单一致的。除去推荐信和成绩单要密封以外,学历资料也是密封的,那么剩下的材料就是申请信、个人简历、个人陈述和 Writing Sample 了。要把申请信放在最上面,然后按照顺序排列其他材料。建议在制作这些材料的时候,最好把格式统一起来,并且在页眉上标注出申请人的名字以及该页所陈述的内容,在页脚标注页码时要标上总页数和当前页数,这样可以确保你的材料是完整的、统一的,也会使目标法学院感觉到你对它的重视程度。如果有可能,可以在最前面加上一个材料目录和个人联系方式的基本说明。最后,也是最重要的一点,邮寄前作最后的检查,要确保所有的材料中申请学校的名称和相关人员的姓名一定是正确的。

四、面试

很多法学院会在录取中安排面试。所谓面试,实际上多数是通过电话或者网络视频的形式完成的,目前大约只有芝加哥大学和西北大学还要求申请者到校参加面试。对于中国申请者而言,面试的几率并不是很大,但是也不排除可能性。

首先,我们要知道面试的意义和目的。作为录取人员,组织面试是为了对申请者有更深一步的认识,因为在法学院并不是所有的申请者都会被邀请参加面试,被邀请参加面试的都是录取人员对其有"特殊想法"的。这种"特殊想法"首先是要考察申请者对目标法学院的态度。所有的录取人员和法学院都明白,只申请一所法学院的申请者少之又少,很多申请者会同时递送少则五、六份,多则十几份甚至二十几份的申请资料到不同的法学院,所以当他们选择你的时候,也要考虑一个问题,你会不会选择他?录取人员会通过面试来了解你对目标法学院的态度,你的申请志愿是否坚决,以及如果录取你,你是否会来就读。其次,一些面试也是为了对申请者的本人情况进行进一步的了解。比如,从申请资料中录取人员感觉你是一个潜心学习、专注研究的人,那么在面试中他们会考察你的个性特点,观察你是一个书呆子还是一个兴趣多样的人。第三,面试也是一个重要的全方位考察,考察你的语言能力、逻辑能力以及承受压力的能力。所以,如果你有幸成为面试对象,那么你一定要明白他们的目的。

接着是面试的安排。一般法学院会在面试之前提前和你进行沟通,有可能是电子邮件,也有可能是直接打电话,并约定面试的时间和方式。尽可能选择你状态最好的时间,当然,由于时差原因,这个时间大多数是在早上到上午。当然有些法学院也会直接打电话过来了解一些情况,这种情况虽然不算面试,但是也是重要的沟通,这时候就非常考验申请者的随机应变能力。笔者就曾经在一次参加会议期间吃早饭的时候突然接到一所法学院的电话,直接就询问笔者的个人情况和申请情况。所以,提前准备、临危不乱是很重要的。

面试正式开始时是最重要的时刻,如果是以视频的方式进行的,那么你首先要注意你的衣着。美国的法学院是一个比较严谨的地方,虽然在实际的上学过程中,美国学生大多穿着朴素简单,牛仔裤和T恤是所有美国学生的首选服装,但是当你参加面试的时候,这样的着装是你失败的第一步。美国人对着装的看法是,你着装的严肃程度决定着你对这个事件的重视程度,所以参加面试无论着装多么正式都不为过。但是,有一点要提醒大家,因为中国学生平时很少穿正装,在面试时虽然要注意自己的着装,但是千万不要因为穿上了一套名牌西服或者把领带系得过紧而使自己紧张,或者影响了正常的交流,毕竟沟通是最重要的,所以在面试前多试穿自己面试时准备的服装,习惯它,适应它,使自己在面试的时候表现正常。一般而言,对男性申请者而言,西装是最好的选择，一般以深蓝或藏蓝为佳，适合自己的灰色西装也是不错的选择，黑色的西装则会给人感觉过于严肃，一般不推荐。领带尽量选择亮色的，因为你不是作为律师去上法庭，你不需要把自己打扮得那么神圣和正式，一条亮色的领带会使你看上去青春有活力、信心十足。因为一般面试是在家中，所以还要提醒一点，不要认为视频只看到上半身就只穿上半身，央视某节目的主持人上半身西装下半身短裤的着装就被观众嘲笑了很久，下半身也是有可能暴露的，而且，如果衬衣不塞在裤子里的话会感觉很松垮，所以要着装就要穿好。如果天气很热，可以不穿西装，但是一定要穿衬衫打领带，衬衫一定要是浅色的，虽然深色的衬衫会使你呈现出成功人士的自信，但是在视频上只会让对方觉得你这边的色调很暗，这会对录取人员造成心理上的暗示。皮带和皮鞋也很重要，一定要擦干净，穿上深色袜子而不是白色袜子，还要注意内衣的领口不要在衬衫领口处露出来。对于女性申请者，请穿上职业套装，不一定非要是深色的套装，毕竟你是申请到法学院做学生，所以即使是套装也要能够充分显示你青春的一面，把你自己打扮成一个青春、干练的女性是最好的。面试的时候要化适当的淡妆，但是口红不要太浓，睫毛膏也不要太厚，否则都会使你看上去过于夸张。

　　如果是电话面试，那么我们可以忽略掉服装的要求，但是一定要注意自己的语音和语气。这里所说的语音和语气不是指你的英文水平，而是你的声音。要找到一个合适的位置坐下来，安静地回答问题，不要走来走去或者躺在床上接听电话，走来走去会使你的语速不知不觉地变快，而躺在床上很容易压迫你的脖子从而使你的声音听起来很怪。很多中国人在讲英语的时候会不自觉地变化自己的口音，有些人说中文的时候声音比较洪亮，而讲英文的时候发音却比较纤细，这个决定于你在学英文练习听力时所听到的声音，对你会有很大的影响。面试的时候我们需要相对成熟的声音，至少不要让录取人员感到你的声音是"娃娃音"，所以在面试前集中听一些你所需要的听力资料,调整你的发音。在谈话中,还要注意一点,美国的法学院是非常严谨的地方,对所有人的称呼都是使用 last name,所以当你称呼对方的时候,一定要使用 Professor/Mr./Mrs. + last name 的方式,除非对方要求你称呼他的 first name。当你面试开始的时候,首先要清楚地记下对方的名字。另外一个表达的问题是,在称呼不确定的第三方时,中文习惯是用"他",而英文则是用"she",这个确实不太好适应,但通过锻炼可以改过来。

在面试的时候,面试人员一般会提出以下 10 个常见问题:

① How did you like your college?

② How did you pick your college?

③ Did you enjoy your major?

④ Tell me about your current job(or internship).

⑤ Tell me about that master's degree/senior thesis/ research project.

⑥ Tell me about your volunteer work.

⑦ What else do you do in your free time?

⑧ What good books have you read recently?

⑨ Why law school?

⑩ Why do you think you want to study law here?

这些问题一定要在面试以前做好提前准备,当然很多时候这些问题是你的亲身经历,但是要很好地组织语言并在面试时准确而完满地回答仍然是一个难关。所以,在面试以前,要以自问自答的形式对自己进行模拟面试,并且在这些问题的基础上自己再考虑扩充一些问题,这都是非常必要的。

在面试中,应变能力也非常重要,不同的法学院、不同的面试人员在不同的目的下会有不同的提问方式。有的时候,面试人员会很温和,面带笑容并和你聊一些生活中的琐事,比如当谈到你的业余时间的安排时,可能你的兴趣与他的兴趣会产生共鸣,他就会转而和你聊一些兴趣上的共同话题,那么你就放轻松,按照他的思路去聊就好了,因为面试你是他的任务而不是你的任务,你只要让他在面试过程中对你满意就可以了。但是有时候,也会遇到严肃的面试官,甚至他们会问出很多让你感到不好回答甚至具有挑衅性的问题,比如:"It's obvious that you signed up for all these extracurriculars because you thought they would look good on you resume."甚至他们会直接说:"Your transcripts show that your GPA just 3.0, it doesn't fulfill our minimum requirement."面对这些情况的时候,我们首先要冷静,我们要明白一点,所有的申请资料都在面试人的手中,他们既然选择你参加面试,就说明他们是想录取你的,任何一个法学院都不会把有限的面试机会提供给一个毫无可能或者他们绝不会录取的申请者上,而且每一个被面试的申请者都会有其特殊的情况。如果你是一个完美的申请者,那么可能你就不会被面试。其次,我们不要去隐瞒或者试图掩饰某些问题,比如问到你的弱点,你不要去掩饰或隐瞒,面试人员需要的是一个合理的解释,并希望通过面试看到你克服不足的勇气和希望。再比如问到你同时申请了多少法学院,如实地告诉他,因为同时申请多所法学院非常常见,如果你说只申请了这一所反而会使他感到费解,而且通过 LSAC 申请的申请者特别要注意,你的申请信息面试人员是都知道的,包括你申请了多少学校,这在一定意义上是一个诚实的测试。第三,面试者是根据不同的情况选择不同的面试方式,严肃的面试也是要考察你在有压力的情况下能否很好的应对自如,所以保持冷静,从容应答。

在面试中,要注意美国人在平时很喜欢幽默,所以当你和面试人员谈话的时候,注意你的措辞,在有可能的时候展示一些你的幽默才华,让他开心地笑一次,这对你的面试将会有很大的帮助。而在面试中最忌讳的几点是紧张、抱怨和啰嗦。很多申请者在面试时会紧张,这是一个正常的心理反应,因为对很多申请者来说,面试可能是他们第一次和外国人直接对话。要学会控制自己的紧张情绪,首先要有充足的准备,要在面试前对面试可能遇到的问题进行充分的练习,利用可能的机会多和外国人交流,消除与外国人交流的心理障碍,最重要的是要有充分的自信,相信自己能够从容面对,还要学会转化压力。深呼吸是很好的缓解紧张的方式。有时候说出自己的压力也会很好地给自己解压并获得面试人员的谅解,但要注意一定要在视频面试时克服掉自己紧张时的各种小动作,比如抠手指、转铅笔、搓衣角等。不要在面试时抱怨自己过去的学校或者工作单位,面试人员根本不在意这些,反而会让他们认为你是一个爱抱怨的人。啰嗦是所有法学院面试人员都讨厌的,因为他们要在有限的时间内完成面试任务,时间对他们而言很重要,所以要确定你说的话一定是准确的、简练的。

整个面试一般会在20~30分钟之内完成,在面试的时候,可以记下每一个问题,略作思考后回答。要注意不要打断对方的谈话,一定要确定自己听清了对方的问题再回答,回答时要和对方有一定的目光交流。在面试的最后,一般面试人员会问:"Do you have any question?"请注意,他们要了解的不是你有什么问题,而是要通过你是否有问题来看出你是否关注他们的学校,从而推测你是否愿意到该校就读。所以,最好的办法是事先多去浏览目标法学院的网站,通过浏览去发现问题。这些问题决不能是在网站上的常见问答集(FAQ),那样会使面试人员认为你根本没有看他们的网站,也不能是一些很简单明确的问题,最好的办法是准备一些活性的问题,比如根据该法学院的专业特长,在未来的几年里会开展哪些方面的研究等。

总而言之,面试是很少见的录取程序,但是又是非常重要的一个环节,它可能在最后的时刻把你录取,也可能把你拒之门外,应对面试的最好办法就是准备、准备、再准备。

第四节 录取

当你寄出所有的资料后,下面的阶段是激动而又焦虑的,一般中国申请者的材料根据各个法学院截止日期的不同,基本上在前一年的年底以前全部寄出,而在第二年的二月底开始,"开花结果"的时间到了。

由于美国法学院招录的学生全部属于研究生院管理,所以在几乎所有的美国法学院的录取中都要经历两个审批过程:一个是法学院的审批,另一个是研究生院的审核。在这其中起关键作用的是法学院,而研究生院主要是对材料进行一般性的考察。更多的时候,研究生院注重的是对国际申请者的语言成绩和研究能力进行考察,很多允许双录取的院校会在研究生院审核中提出申请者是否要加修语言课程的要求。而且这里也很有意思,很多美国学校的法学院录取标准中并没有列出对国际学生允许双录取的条件,也就是说,法学院会明确规定一个 TOFEL 分数(针对 LL. M. 申请者),并要求申请者必须具备等于或高于这个分数的成绩,而并不提双录取的情况。但是在实际录取中,申请者即使 TOFEL 分数低于这个标准,也可能会被批准录取,而由研究生院通知申请者加修相关的语言课程。这种语言课程分为两类,一类是先行修习的语言课程,也就是说申请者暂不进入法学院学习,而是先修满语言课程,达到要求的标准后才可以进入法学院学习;另外一种是平行修习的课程,就是申请者可以边学语言课程,边修法学院课程,这种情况相对而言比较节省时间,但是学习过程会很累,而且如果语言课程不通过的话,即使所有的法学院课程通过也无法获得毕业证书。所以当中国学生进行申请的时候,尤其是在申请 LL. M. 的时候,不要认为自己的 TOFEL 成绩不够某个学校的最低要求而放弃自己的理想,凡事总有例外,即使像哈佛大学法学院、哥伦比亚大学法学院、芝加哥大学法学院和斯坦福大学法学院这些要求TOFEL成绩在100分以上的名校也存在着降低语言要求录取的情况,因为作为名校,更关注的是你的研究能力和未来的前途,语言只是一个工具,所以,尽可能把自己的背景材料做好,这是获得录取的关键。

正是因为法学院申请者的录取要经历两个学院的审批,所以最后确定录取会相对晚一点。申请者一般会在二月份到三月份收到一封信件,在信件中校方会告知申请者几种情况:一种情况是你被拒绝了,这是最痛苦的,不过法学院的竞争是相当激烈的,被拒绝不表示你不优秀,只能说你还需要进一步完善自己的某个方面。第二种情况是告诉你,你进入了waiting list,这种情况表明你已经进入了法学院的考虑范围,但还没有进入到必然被录取的范围,要等到排在你前面的被录取人员以及在你前面的进入了waiting list的人员放弃了录取或者全部被安置了,你才可能被录取。这个时候,申请者一定要积极主动起来,主动和法学院进行联系和沟通,把自己的情况和对该法学院的渴望进一步描述出来,以谋求自己在waiting list上的排位往前移动。第三种情况就是最好的结果,通知你将要被录取,征求你是否决定就读该校。

作为中国申请者,往往会同时申请多个法学院,这种情况在所有的法学院申请者中也很常见,而优秀的中国学生同时拿到多个学校的录取通知也很常见,这个时候就是我们要慎重做出选择的时候了。

这里我们要重点介绍一下美国的"四一五协议"。"四一五协议"是美国多数大学在1999年联合签订的一个关于约束申请者同时申请多个大学后,在开学前很短的时间内才通知某一学校放弃就读的协议,该协议在签订大学中的录取过程中实施。根据该规定,在每年的4月15日以前,所有申请者可以在录取学校中任意选择,或者选择不做答复,这些情况都不会追究申请者的责任。但是当申请者选择了一所学校而放弃其他学校录取，申请者应根据学校要求在4月15日前（当然，越早越好）将拒绝的意见告知录取学校，一般情况下是在4月15日前发送电子邮件并按照规定在4月15日前将其他拒绝所需材料（很多法学院要求要有申请者亲笔签名的原件）投邮。如果申请者在4月15日之后进行了反悔，即答复目标法学院愿意接受录取而在4月15号以后反悔的话，目标法学院将会要求所有的协议学校拒绝录取你。

那么，对很多申请者而言，这里就会有很多不同的情况。一种情况是，将近四月，而你没有收到任何一个学校的答复。请注意，即使你被拒绝，申报学校也会给你一封答复信，那么请申请者一定要和申请法学院进行联系，了解录取情况，因为四一五协议还有一个重要的规定，就是如果申请者在4月15日前没有答复的话视为放弃接受录取，如果你很不幸地由于各种原因没有收到信件而延误了时间，就很有可能被认为是放弃。第二种情况是，在4月15日前，你收到了所有申请学校的答复，其中有多所同意录取你，那么就请在4月15日前明确回复这些院校，你最后决定就读哪一所，你所放弃的录取指标可能会为另外一个中国的申请者创造机会。毕竟，目前在美国法学院里的国际学生中中国学生占据了很大的比例。第三种情况是，你收到了一些学校的录取，但还有一些学校迟迟没有消息，那么你就有两种考虑，一种是不再继续等待，在确定录取你的学校中选择自己心仪的学校并答复，当4月15日后又有学校发信给你时要明确地拒绝它们。另一种考虑就是继续等待其他法学院的录取通知，那么你就要向已经录取你的法学院申请延期答复，尽可能延迟到你收到所有的录取通知以后。这就是先答复某个学校同意接受录取，而以后如果有更心仪的学校录取了你，再写信给录取院校，如实告诉它们你的想法，征求它们同意你更改录取意见，因为这种情况很常见，所以很多学校也会同意申请者的要求。但是，千万记住，一定要在获得学校同意后才能更改意见，否则将会带来很大的麻烦,不仅有可能被拒绝录取,还会被大使馆拒签。实际上,绝大多数的法学院都会在4月15日前完成录取,所以申请者基本上都会在三月份收到回信。笔者建议,不要为了某一个法学院一直等下去,在录取你的法学院中选择一个,早日确定下来才是最好的选择。

答复同意接受录取的办法很简单,一般就是一封电子邮件,并且填好来信中的相关表格,按照规定寄回去就可以了。

再过一个月左右,正式的录取信就到了!

录取信寄到的时候往往是厚厚的一个大信封(如果你收到的是一个薄薄的小信封,那么很不幸,一定是拒绝录取的通知),里面会包括很多资料,包括你的录取信、I-20表格和体检通知。除此之外还有很多介绍性的资料,比如学校宿舍的申请表格或者租房协议、未来的课程安排和介绍、法学院和部分专业的介绍资料,还有很多学校会寄来法学院开设的暑期课程的申请表。这些资料有时也会分开寄送,作为中国申请者,我们一定要查收3样东西,就是录取信、I-20表格和体检通知,查收的时候还要注意你的个人信息,尤其是姓名、出生年月是否正确。

录取信是表明你被录取的证明性材料,在签证的时候要用。I-20表格是申请者接受学校录取后,学校发给申请者的具有法律效力的文件,是由美国移民局和教育部联合签发的,是申请者在办理美国签证和入境时的必需凭证,千万不能丢失。体检通知是关于申请者需要提供的身体情况证明,很多学校会要求必须注射某些防疫疫苗。

接下来就是办理签证了。

美国签证几乎是所有国家中最难获得的签证之一,往年很多学生会因为被拒签而与自己的理想学校失之交臂。近年来,伴随美国经济危机的影响和中国的快速崛起,大量的中国人去美国,中国留学生更是成为各个美国高校的国际学生主力军,因此相较而言,现在的留学生签证容易多了,即使一次没有通过也往往是被要求补充材料,而不是直接冷冰冰的拒签。

申请美国签证需要以下资料:

① 申请人的护照。办理护照需要在户籍所在地的省辖市公安局出入境管理中心办理,申办护照需要填写申请表格,准备专用照片,带上身份证和户口本,一般在办理中心都会有照相文印部,这些部门会帮你整理好所需材料,当然这是需要缴纳一定费用的。所有的材料整理好并递交出入境管理中心后,一般半个月左右就可以拿到护照。拿到护照后要注意检查个人信息,确保护照上的个人信息与录取信、I-20表格的个人信息一致,之后在护照末页要求签字的地方签名。

② 两份DS-156申请表和DS-157(针对16岁以上申请者)表格。表格可以从中信实业银行各支行领取,也可以到大使馆直接领取,还可以在大使馆网站下载打印。打印时注意把两页打印在一张纸上,分开打印将会被拒绝。表格要用中英文填好,其中的标准中文电报电码一定要标注正确,以区别同音不同字的汉字。

③ 标准照片。在表格上要贴上美国签证标准照片,在美国大使馆网站上有详细的照片要求说明,目前要求照片为2英寸×2英寸(大约5厘米×5厘米)的,白色背景或浅色背景的彩色或黑白照片,面部居中,头部(头顶到下巴)在1英寸到1.375英寸之间,眼睛到照片底部的距离为1.125英寸到1.375英寸之间。

④ 其他证明材料。这些材料主要是用来证明申请者的录取情况、语言能力、经济能力和学成后会回国的资料。这些资料包括录取信、I-20表格、LSAT或者TOFEL成绩单原件、毕业证书和学位证书原件,以及在校期间成绩单。如果已经工作,最好请工作单位出具一个毕业后回来工作的说明信;如果没有工作,最好带上一些未来计划工作的单位的介绍以说明回国工作的意向。另外资金证明也很重要。

有时在申请学校的时候就需要提供资金证明,资金证明一般需要在银行开具。根据法学院的情况,如果是申请 J. D. 则至少需要开具人民币 50 万的证明,如果是申请 LL. M. 则需要最少 20 万人民币的证明,当然都是根据法学院的学费而定的。一般开具证明需要对款项进行一段时间的冻结,这个时间一定要把握好,既要包含申请学校和申请签证的时间,又要确保在踏上飞机之前能够提取使用。当然,如果你很幸运,法学院给了你学费减免或者奖学金的话,这个资金证明的数额就可以降低了。

材料收集齐后就要开始签证了。

一般签证时间应该在报到前的 90 天内,报到时间以 I—20 表格上的时间为准。如果选择上暑期课程的话,由于开课时间早,所以还要提前。签证预约基本在签证的前两周左右进行,由于每年从 6 月底到 8 月中旬是签证的高峰期,所以预约签证最好避开这个时间段。预约时一般通过大使馆的预约电话预约,2013 年 3 月 16 日后可以网上预约,确定下签证的时间和地点。目前美国大使馆一个人只能预约一次签证,也就是说如果你预约上了一次签证,你担心到时有事会耽误想再预约一个时间,目前是不可能的,只有当你的预约过期或撤回的情况下才可以重新预约。预约后到中信银行购买签证收据,作为签证时的必备资料。

签证当天要按时达到签证中心,着装上应当相适应。所谓相适应是指你的着装要和你的身份、职业相适应。因为一般签证都安排在夏季,所以衬衫是最好的选择,尽量选择正式的浅色的衬衫,如果有可能,打上一条漂亮的领带。女士则选择合适的套裙,化适当的淡妆。

进入签证中心要通过安检,所有金属物品、钱包、钥匙和通信器材都需要寄存,同样饮料也不得带入。为了方便,最好提前准备好,把有关资料装在一个袋子里,其他物品统统放在另一个袋子里,便于寄存。

进入签证大厅后,首先到收材料的窗口,有时候在进入签证大厅前就会给你一个号码牌,根据号码牌通知你到窗口交材料,也有的使馆是交完材料给你相应的号码。一般这个时候要交的材料就是护照、DS 表格、I—20 表和签证收据,其他资料自行保管。交完材料后,就要坐下来等待签证了,这个时间有可能是一两个小时,而且这个时间相当漫长,因为你的通信器材和所有的物品都被寄存了,所以基本就是坐在那里无所事事。所有的申请者要把握好这个时间,作一下最后的准备,整理一下妆容,思考一下可能被问到的问题,再整理一下带来的资料。

当某个窗口出现你的号码时,就轮到你了。面对签证官,请保持微笑,在回答签证官的问题时,要大声并且自信,在陈述中如果涉及相关问题,要及时出具相应的材料给签证官,在拿取材料的时候要从容有序,总之,一个自信泰然的人往往最容易获得快速通过。在很多网站和留学资料中都会对签证过程和准备给予详尽的描述,这里不再赘述。

通过面试后,就可以领取签证了,有的时候当场就可以拿到,有的时候则是要根据安排等几天。签证是印在护照上的,同时 I—20 表格也会还给你。如果被要求补充材料或者被拒签,则需要重新预约。

拿到签证后,就要做行前准备了。

首先是体检,由于美国入境时有时会检查入境者的国际旅游体检证明(因为是一个红色的小本子,俗称"小红本"),所以要在国内办理。一般大的城市都会有出入境体检中心,在那里就可以办理证明。而在学校发放的体检通知中有关的疫苗接种信息,就要看你小时候父母保存得是否齐全了。如果有,找到接种记录,对应翻译成英文就可以了,不过要确保上面有医生的签字或者盖章。如果没有,那么你就需要重新接种。虽然体检在到达美国后也可以做,但是从成本和方便程度考虑,建议在国内办好。

做完体检,就要准备行李和订机票了。机票一般都是定联程机票,这样行李可以一次性直接托运到目的地,但是为了节省费用,很多同学会选择定不同公司的转乘机票,这样就需要在中转机场重新托运行李。在订机票的时候要问清楚关于行李的规定,多数航空公司在国际航班中都允许免费托运重量不超过 50 磅(约 23 公斤)、总数不超过两个的包裹,标准的行李要求三边长之和不超过 156 厘米。

在美国学习和生活期间,相对而言购买商品比较容易,因此不必携带过多的行李,短期学习如果不想在美国购买过多的生活用品,可以带上必备的衣物,一套西装是必不可少的,落地后安家前短期的生活必备品可以适当带一些。作为比较重要的学习用品,建议带上一个有《元照英美人法词典》的电子词典,目前国内市场卡西欧出品的一款电子词典具有该功能,它在未来的学习生活中将会非常重要。

临行前,要注意检查个人资料是否携带齐全,护照、I—20 表格、录取资料和小红本要随身携带,因为在过关的时候还无法取行李。中国出境相对比较容易,主要检查护照和签证。在飞机上,空乘人员会提供海关申报单,一定要在下飞机前填好,否则下机后会耽误时间,而且在机场也不方便填写。

美国入境时首先要接受移民官检查。根据要求,你必须出示护照、I—20 表格,有时移民官会收取小红本、录取信作为备用材料。移民官一般会问一些简单的问题,比如来美国的目的、计划停留时间等,这些问题就按照学习的情况如实回答就可以了。问完后,移民官会要求打指印,接着在你的 I—20 表格和 I—94 表格上签字,注明你的入境时间和签证身份,并标明再次入境的合法身份,通常签证官会在 I—94 表上打上 D/S(Duration of Status)标记,并将 I—94 表关于出境部分钉在护照上(该表格需在离境换票时交给机场工作人员),接着将表格和护照交还给你。

第二步就是通过海关检查。领取完行李后过海关,目前美国大多数国际机场都安装了X光机,虽然行李是抽检的,但是目前大多数中国人的行李都会被要求过X光机,可能是与中国人喜欢带食品有关。将飞机上填好的海关申报单交给官员,一般他会问你一些简单的问题,比如是否携带食品、带了多少现金等。根据美国海关要求,所有的肉类制品和植物、新鲜蔬菜不得入境,而在实际中也遇到过连方便面也被没收的情况,因为很多方便面包装上写有"红烧牛肉"或"鸡汁"等,美国人会认为里面有肉制品,因此最好不要带任何食品,以方便通过海关。在报关时还有关于现金的规定,按照美国法律规定,一个家庭在入境时如果携带超过一万元美元的现金则必须申报,虽然很少有对入境者进行搜身查看现金数的情况,但是如实申报是每一个入境者的责任,而且申报并不会给你带来任何麻烦,只需说明钱是用来学习和生活的即可。如果没有申报而被查出的话,不仅钱会被没收,还要承担相应的法律责任。

　　通过海关后,你就正式踏上了美国的国土,开始新的生活了!

第三章　美国法学院生活

第一节　美国生活一览

一、住宿

到美国后,要解决的第一个问题就是住宿。一般来讲,住宿往往是在飞往美国之前就要提前安排好的。

美国的学校住宿有三种情况,第一种是住学生宿舍,第二种是租住民房或公寓,第三种是家庭寄宿(homestay)。

学生宿舍是最简单方便的住宿方式,美国大学一般都会提供学生宿舍供学生租住,而租住的办法在学校的网站上或者寄送给学生的录取包裹里会有介绍,一般需要通过网络或者电子邮件预定。预定学生宿舍一定要注意入住的时间,美国对入住时间把握非常严格,提前入住一般无法保证,而推迟入住则可能使你的名额作废,加上到达美国的航班很多是在下午和晚上,到达宿舍的时候已经过了工作时间了,所以建议提前预定一个旅店,到达后先住在旅店过渡一下。而且预定机票最好避开周六或周日达到,虽然国内周末起飞会便于家人的送行,但是周末到达很可能会遇上宿舍管理人员不上班的情况。美国大学学生宿舍的价格相对较贵,目前月租普遍在700美元以上。作为研究生,入住者一般会独自拥有一个单间,然后和其他同宿舍的学生共用厨房和卫生间,卫生间数一般在入住人数的半数以上。住学生宿舍的好处是,宿舍里所有的家具和水电气网络一应俱全,申请者只需拎包入住,省去了购买家具和办理水电网络的麻烦。入住学生宿舍的缺点在于费用较高,而且很多学校的学生宿舍的入住时间是和学生的就读时间对应的,由于法学院的学生往往毕业后要留下来一段时间准备律师考试,所以还需要另行租房搬家。

租住民房或公寓是最常见的方法,www.craigslist.org 是一个最常用的寻找房子的网站。但是由于网站上的房子很多并没有明确的描述,在到达美国以前提前订好就显得很冒失,所以很多时候也是到达后先住旅馆再找房子。一般美国租住房子分为多种,最便宜的是单间,就是在一个别墅(house)里租住一个房间,与别人合用厨房和卫生间,这种单间根据位置情况月租金从 350 美元到 600 美元不等,由于价格低廉,是很多中国留学生的首选。2012 年 4 月南加州大学两名学生被枪杀,很多人质疑他们为何不住学生宿舍,原因就在于在外租房比学生宿舍要便宜很多,国人的不理解是由于中美两国情况不同。第二种情况是租 studio,studio 一词在词典中翻译为录音棚,而在美国的应用中也表示小型的房间,这种房间一般包括一个开放厨房式的烹饪区域和一个独立的卫生间,也可以算是一个独立的小套间,月租一般在 500～900 美元。由于法学院的学生很多是已经工作多年的律师,具有一定的经济基础,而且对住宿环境有一定的要求,因此租住 studio 的比较多。第三种情况就是各种的 1bed room、2bed rooms,或者 3、4bed rooms。1bed room 指的是一室一厅加上一个开放式厨房和一个卫生间,一般月租在 900 美元以上。2bed rooms 或者 3、4bed rooms 则是在 1bed room 的基础上增加卧室。一般来讲一个人租住 1bed room 的相对较少,很多时候是两个人合租,而 2bed rooms 或者 3、4bed rooms 则是多人合租分担租金,基本上每人承担的部分和住单间的费用差不多。这三种住宿情况在有些城市是住在公寓楼里,就是类似国内的学生宿舍式的一个大楼,分割出不同的户型出租,这种公寓楼一般不提供家具，水电和网络也要自己办理开通手续。还有的是在当地居民的家中，分出一个房间（美国也叫雅室）或者一个套间（指包含独立卫生间的单间）出租，这种情况一般会提供网络，租金也包含水电费用，家具则要看具体情况。住民房或公寓的好处在于价格低廉，可选面广。而不足之处在于，要自己开通水电网络等手续。在刚到美国的时候办理这些手续对听力是一个很大的挑战。租住民房或公寓一般要签12个月的合同，对于J. D. 或者Ph. D. 而言不是问题，但对于就读LL. M. 的学生就比较麻烦，因为LL. M. 的学习时间是9个月，加上后面复习考BAR也就是10到11个月，因此在签约时要和房东协商能否只签9个月。

第三种Homestay是一种临时性的住宿办法。多数中国学生在抵达美国之前都会通过各种方式联系到朋友接机或者到旅馆临时住宿，但是有时候孤身一人时该怎么办呢？Homestay就是解决这个问题的。在美国，很多家庭提供Homestay服务，在很多学校的网站上和一些公共的网站上也都有专门用于联系Homestay的链接。Homestay指的是，美国部分家庭对外国留学生提供的一种短期的生活服务，一般包括机场接送、一周的食宿、协助找房和租房，并可以陪同办理银行卡等事项。一周的服务费用一般在200～300美元左右。如果不能联系到朋友到机场接机，也没有朋友帮助提前安排住宿，那么联系一个Homestay是最好的临时办法。

在租房时，由于法学院学习压力大，作息时间不固定，因此建议选择公寓中的单间或studio租住，避免与合租人互相影响。

二、生活服务

解决了住的问题，下面就是安置生活了。首先是电话，美国的电话由多家电信公司提供服务，在各个城市和地区，信号情况不同，可以根据信号效果选择合适的公司。美国的手机在各个公司的收费方式基本相同，都是会收取每月基本的租金加通话费，费率根据不同计划会有不同。但是美国的电信公司有统一的优惠，就是同一公司内部的手机之间通话永远免费，比如两个人都是AT&T公司的号码，那么两个人之间的通话永远是免费的。此外在每天的晚上和周末不同公司之间的手机通话也是免费的，而且在美国境内通话没有长途费用，因此美国的话费相对并不昂贵。也正是因为通话基本都是免费的，同时在很多计划中，短信是双向收费的，所以在美国使用短信并不多。而从美国往中国通话则费用较贵，一般是购买中国电话卡，类似国内的201卡，首先拨一堆接驳码数字，之后输入密码，然后就可以拨打中国号码了。这些电话卡非常便宜，一般美国手机并不收取费用，仅是使用电话上的费用，向中国国内通话一般每分钟仅需要1美分。

　　有了电话，办事就方便了，接着就是办理水电气和网络。如果这些服务在租金中都包括了，那么非常好，你不用再费力去处理这些问题了。但是在很多出租公寓中，这些公用设施都要自行开通。当签订租房合同的时候，房东会提供相应的电话，租客需要自行打电话过去联系开通。美国的服务电话大多数都是自动语音服务，由于语速较快，且很多时候我们并不清楚自己要办理的业务属于哪一个范围，所以很多时候无法确定按哪一个数字进入下级菜单，不要着急，多打几次多试几次就可以了。水电气开通后，每月公司会寄账单给你，如果注册了账号也会发送电子邮件，一定要按时付费，否则你的信用值会大大降低，在美国如果信用值不高将会影响到今后生活的很多方面。网络开通一般需要先预约一个安装时间，工人会在预约的时间到你家，开通网络并根据计划提供有关的装置。在美国，无线网络非常重要，如果网络公司没有提供免费的无线路由器，可以考虑租用一个或者自己购买一个。如果是几个朋友住在一起，可以考虑开通同一家的网络，然后使用无线路由器大家共享网络，这样也可以节省很多费用。

　　前面谈到通过海关时携带现金申报的问题，下面就来说一下

第三章　美国法学院生活

现金和银行卡的办理。国内很多银行与美国的银行进行了联网，国内借记卡和信用卡在美国多数地区都可以直接消费，但是由于美国生活的一些特殊情况，办理一个美国银行的账号和银行卡更为方便。一般在首次入境时，随身只需携带短期够用的现金就可以了，其他的可以使用中国的 VISA 卡。如果考虑到现金比较方便，则可以多带一些现金。一般来讲，在抵达美国的三天内很多学生都会去银行办理新的银行卡，之后从国内汇款过来。国内汇款到账时间一般是在 3 天以内，所以保守计算只需要带上一周的生活费用即可。而由于第一周往往需要住宿旅馆、办理租房手续、缴纳租房押金（一般相当于 3 个月的房租）等，因此可以携带 3000～5000 美元的现金，足以支撑相当长的一段时间了。美国比较常见的银行是美国银行（Bank of American）、汇丰银行（HSBC）、花旗银行（Citibank）、富国银行（Wells Fargo）和大通银行（Chase）。美国银行卡主要分为借贷卡（debit）和信用卡（credit）两种，不同银行还会提供不同的卡型供选择，初到美国一般只可以申办 Debit 卡，即不可透支。申办 Debit 卡时，卡内会有两个账户号，一个是支票账户（checking account），另一个是储蓄账户（saving account）。其区别在于储蓄账户会有少量利息，但是储蓄账户内的存款不能消费，必须要到 ATM 机上或通过网上银行把存款转到支票账户后才可以消费，而支票账户如果透支时，银行会自动从储蓄账户调取存款，每次收取手续费 10～20 美元不等。办理美国银行卡的方便之处不在于卡，而在于支票。开通银行卡后，可以申请支票本，有的银行是免费的，有的银行是收费的。支票本在美国使用相当普及，很多缴费项目都是填写支票后寄出的，而且由于美国社会大多是通过银行卡刷卡消费，个人很少随身携带和使用现金，因此朋友之间的款项往来一般也是通过签写支票完成的，所以办理一个美国银行卡并得到支票本是非常重要的。在开户后，可以询问相关汇款办法，之后即可从国内汇款。

三、交通

美国的交通发达,但是并不意味着留学生出行方便。在美国的很多城市里,公交系统并没有国内那样便捷。美国城市公交虽然基本覆盖城市的每一个地方,而且有固定的到站时间,但是由于大量私人汽车的存在,使很多城市的公交系统大大萎缩,有些线路往往要半个小时甚至一个小时才有一趟车。留学生如果住宿地点临近超市和学校,那么步行是最常见的出行方式,然而为了到更远的地方去参观或者购物,则需要买车或租车。买车之前必须先考取驾照,办理相关手续的部门是 DMV,在网络上可以查到。矛盾的是,因为没有驾照,很多时候去 DMV 非常不方便,因此需要有朋友开车送你。另外在美国有很多州允许使用中国驾照,可以上网查询所在州驾驶手册了解详情。无论买车与否,建议留学生都去考一个驾照,因为在美国很多地方是需要出示证件的,如在超市买含酒精的饮料、入住酒店,甚至在商场购物都需要出示证件,如果每天都把护照带在身上是很不安全的,所以办理一个美国的身份证明将会非常方便,即使不会开车也可以申办一个身份证,和驾照完全一样,只是不能开车。

四、就餐

现在国内很多洋快餐的进入使年轻一代已经相当熟悉和习惯西方的饮食,但是对很多年长一些的申请者而言,对美式快餐还是比较不适应,而如果连续多日吃汉堡包和面包的话,对大多数中国人而言就是一场噩梦,因此自己做饭就是最好的选择了。

在美国就读,自己做饭可以节约不少费用,一般在外就餐每顿正餐在5~8美元左右,而美国的很多餐厅是需要付小费的,加上小费基本上是7~10美元。自己做饭则基本上在3美元左右就可以完成。

说到这里,谈一下美国的小费。因为在中国基本上没有付小费的习惯,所以很多中国学生初到美国很不习惯付小费(tip)。美国并不是所有的地方都需要付小费,而是要看对方是否为你进行了专属的服务。比如说在麦当劳、肯德基这样的快餐厅,就餐后是需要自行打扫桌面并把餐具交还的,也没有人为你端菜,所以不需要付小费。而在一般的餐厅,因为你只需坐下来点菜,有人为你端菜、倒水,餐后也不用自行收拾,所以就需要付小费。再比如,住宿旅馆,如果每天都有服务员帮你打扫房间卫生,则需要每天留下小费;如果是汽车旅馆(motel)这种隔几天打扫一次的,则只需在打扫时留下小费就可以了。按照美国人的习惯,小费的标准是全价加税的 18%,一般按照 15%～20% 的标准把握就可以了。还要注意的是,在很多快餐厅饮料是 free refill 的,就是喝完以后可以免费续杯,这些餐厅的饮料机一般是放在就餐区由客人自行接取的,而几乎所有的快餐厅都需要客人就餐后自行收拾桌面,并把托盘和垃圾放在指定地方。这个与国内不同,请大家一定要注意,避免残留垃圾在桌子上。

美国的很多大学都有餐厅,类似于国内的学生食堂,但是菜品都是以美式为主,西海岸会有很多墨西哥卷,主要是快餐和甜点,同时提供饮料和零食。美国人的午餐非常简单,有时候就是一个苹果或者几片饼干,但亚裔学生的午餐则比较丰富,因此很多学校都提供了自助就餐区。这些自助就餐区一般有微波炉和自助售货机,学生可以在家备好饭在这里加热就餐,非常方便。同时在法学院经常会有讲座和论坛,演讲结束后会有招待会以便演讲者和听众沟通,招待会会提供免费的餐食。因为法学院培养的大多是未来的律师,社会交往能力是非常重要的一项基本技能,所以在法学院除了招待会外,学生会和专业教授有时也会组织专门的冷餐会活动,以建立学生和社会交流的平台。

第二节 入学准备

通常中国学生不太熟悉美国的大学分类，National University 是指能够颁发 Doctor of Philosophy 即 Ph.D 学位的大学，Philosophy 不是单指哲学，而是泛指除神学、法学、医学以外的学科；Regional University 是能够颁发 Master's Degree 即硕士学位的大学；Institute 是技术型学院；College 是传统大学，课程包括艺术、人文、自然科学、社会科学等各个门类，不像一般大学分学院专业和系别，标示讲究实用性。其中，National Liberal Arts College 是文理学院，需要超过一半的学分来自 Liberal Arts 范围；Regional College 是 Liberal Arts 范围中学分要求少于一半的。另外的 Community College 是二年制社区大学，颁发 Associate Degree 即副学士学位，许多学生毕业后转入正式大学取得 Bachelor's Degree，即学士学位，这也是美国大学的第二种入学渠道。而 Liberal Arts 不是艺术，是素质、能力、思想等能力，注重全面综合通识，培养学生的沟通能力和灵动能力，代表经典高质量的英才教育。在 National Liberal Arts College 中就读的多是不愁吃穿的富家贵族子弟。在美国，法学院一般都是在 Regional University 中，而由于法学院的特殊性，很多学校的法学院都会在校区以外或者在校区内占据独立的一角。

而抵达美国后，法学院的学生生活基本上就在这一角之内开始了。

一、暑期课程

前面提到，在收到录取材料的同时，很多学校会寄来很多暑期课程的介绍。这些课程一般是法学院组织的对某些专题进行讲解的课程，时间在两到三周不等，费用根据不同情况一般在 2000～

6000 美元之间。

这些暑期课程并不是强制性的课程，只是供一些学有余力并对课程涉及的专业领域有兴趣的学生进行深入了解而开设的，当然很多法学院也针对 LL.M. 的国际学生开设介绍美国法基本知识的课程。对中国学生而言，如果在经济上能够承受的话，最好参加一些这样的课程。其好处在于：一是可以尽快适应美国的授课方式，这些暑期课程的教授往往就是法学院未来给你上课的教授，他们的教学方法和未来课堂的教学是一样的；二是锻炼提高课堂参与能力，中国学生在课堂上不爱发言，但是美国的课堂是必须要发言的，这就对听力和口语要求非常高，参加暑期课程可以帮助学生提前锻炼；三是提前尝试美国法学院学习生活的艰苦，为正式上课作好心理准备。虽然只是一个颁发结业证的暑期课程，但是课程的压力和正式课程相比一点也不逊色，教授会在上课前安排大量的阅读材料要求在上课前阅读完，而在课堂上直接进行讨论，所以在暑期课程中夜里看书到凌晨两三点非常正常，这对中国学生也是一个考验和锻炼。最后，参加暑期课程还有一个好处就是可以提前进入学校，尽快地熟悉校园生活。而所有的这些都是为了一个目标：尽早熟悉美国法学院生活，以便在未来的学习中取得好的成绩。

二、新生介绍会（Orientation）

法学院开学的第一个活动就是 Orientation。Orientation 对于新生来说非常重要，一般会在开始的一周前通过电子邮件和信件等多种方式通知新生。Orientation 可以翻译为新生介绍会，在 Orientation 上新生会看到几乎全部法学院的教授、各个专业的负责人，以及报到的各个流程负责人。在 Orientation 上，新生还会被介绍给其他新生，并和所有的新生一起了解法学院的情况。

在 Orientation 上，新生会遇到很多被称为 dean 的教授，但是要注意虽然 dean 很多，但是 Dean 只有一个，他才是院长，其他的大多是专业负责人。一般 Orientation 开始后会由 Dean 向全体新生致欢迎词，接下来会有很多教授陆续登台，他们会向新生的到来表示欢迎，并详细介绍很多未来的学习生活的情况，他们也会告诉你们他的办公室和工作时间，并欢迎学生们随时到办公室和他们交流，但实际上大多数的教授在 Orientation 以后是见不到的。

在 Orientation 上还会检查新生的报到情况，核实学费交纳情况和奖助学金发放情况，并会介绍未来的课程安排、选课办法和法学院的学术规定。因为在 Orientation 之后很快就会正式上课，所以在很多 Orientation 上还会通知第一个学期的课程安排。美国法学院的学术规定非常严格，主要是针对剽窃等知识产权侵权行为和抄袭作弊行为，各个学校会有不同的规定，但是一旦触犯了这些禁令，面临的处罚都是一样的，就是永远被美国所有的法学院开除，并再也无法进入律师行业，所以弄明白相关的要求非常重要。在 Orientation 上还会介绍毕业的要求和报名参加美国律师考试的要求，这些要求直接关系到学生的未来。因此，下面提供一个表格[①]供新生们在参加 Orientation 时参考，确定自己把所有的问题都搞清楚了。

Orientation Checklist
1. Admissions
2. College transcripts (if needed)
3. Identification
4. Financial aid (if applicable)
5. Registrar-class schedule
6. Bursar-bring checkbook (if not prepaid)
7. Course assignments
8. Bookstore

---

① 本表格引自 Gary A. Munneke. How to Succeed in Law School. Barron's, 2008, P14.

续表

Orientation Checklist
9. Parking sticker
10. Locker
11. ID photo
12. Law school tour
13. Find out who "Dean" is
14. Nearby food
15. Library carrel (if available)
16. Laptop configuration (if necessary)
Notes：

这个表内的大多数信息都会在 Orientation 上给予介绍。其中 Bookstore 是指学校的书店，因为美国法学院不像中国的大学一样统一代收书费，统一发书，而是指定书目由学生自行到 Bookstore 购买。Locker 是美国大学特有的装备，一般每个学生或几个学生拥有一个柜子，用于存放一些书籍和杂物。由于法学院的课本相当沉重，所以申请一个 Locker 非常必要，可以把上完课的书临时放在里面，避免抱着一大堆书在法学院里来回穿梭。

Orientation 是新生入学后第一个重要的正式的会议，所以一般在通知中会明确告知对服装的要求，新生应当着正装。

三、购买学习用品

Orientation 之后，学习生活就开始了，这个时候就要开始购买很多重要的学习资料和用品了。

首先是电脑和配件。在美国就读法学院，笔记本电脑是必不可少的，很多美国大学的 Bookstore 都会在学期开始时打折出售电脑，有时是和手机、打印机等打包出售，价格相当便宜。法学院一般会提供复印和打印服务，但都是收费的。由于法学院写论文的机会很多，建议自己购买一台喷墨式的打印机，方便使用。如果是从国内带笔记本电脑到美国使用，就要记得带上电源插头转换器，因为美国的电源插座和国内不同,电压是 110 伏。

接着是课本。美国大学并不统一购买和发放课本,而是由 Bookstore 销售,教授会指定使用教材的名称和版次,由学生自行购买。美国的法学专业课本相当昂贵,与其价格低廉的电子器材形成强烈的反差,所以有学生感叹:"在美国,用新电脑、新手机、新打印机,甚至新汽车都不能说明你有钱,说明你有钱的是——你买了新书!"一般从 Bookstore 买书,法学院的教材一本书价格普遍在 100 美元以上,对中国学生而言确实难以承受,所以大多数都是选择网上买书,比如通过 Amazon 网上购书。在网上购书以前最好先到 Bookstore 看一下要买的书,因为 Bookstore 销售的教材都是严格按照教授指定的版本采购的,提前看一下避免网上买书弄错,虽然买错可以退换,但是耽误的时间让人受不了。一般网上的书价格会比 Bookstore 的便宜 30%,遇到好的机会,甚至可能半价买到。有的学生为了便宜会选择购买同一本书的较早版次,比如教授指定的是第四版,那么很可能第三版或第二版只要 1 美元就可以买到,但是问题是版本不同可能会在内容上有区别,有时是页码不同,上课的时候教授提到某页的某个案例,而你要前后查找好几页才找到这个案例;更有甚者是内容不同,引用了不同的案例,那么就很麻烦,因此建议购买相同版本的教材。同版本的书还有新旧之分,旧书的价格又会便宜很多,但是一定要看清销售者的描述。有些旧书会被之前的使用者画得一塌糊涂,五颜六色的笔几乎把所有的文字都描上了,还有的会在页面空白处记好笔记,甚至把很多案例的 brief(后面会有介绍)都写在上面,这样的书虽然用起来可能会帮助你很快地抓住案例的重点,但是会大大削弱你自己做 brief 的能力,对今后的工作和学习没有好处,因此建议购买旧书的同学一定要无视上面的笔记和 brief,自己进行阅读。

四、学会检索

在开学之前,还要学会网络检索。美国有两个最大的法律检索系统,即 West Law 和 LEXIS。在学习期间,会有大量的案例和规定需要通过这两个系统进行检索,而这两个系统也和美国多数的法学院建立了稳定的联系,新生的学费中会包含使用两个系统的费用。在法学院开学之初,两个公司会分别安排各自的系统使用培训,这个培训非常重要,在培训中公司人员会帮助学生注册个人账号,教会学生基本的检索方式,并告知打印办法。各个与该两个公司建立关系的美国法学院都会有固定的打印室,学生可以在网上检索到案例,在指定的打印机免费打印后取走使用。

所有的课程中,教授都会在教材以外指定很多新的案例要求学生阅读,而涉及文书写作的课程对检索能力的要求则更高,平均就读法学院一年大约要打印 1000～1500 页的资料,所以熟悉两个检索系统就成为学习的第一步。

第三节 学习生活

虽然开学有明确的时间,但是美国法学院新生的学习生活往往在开学前三天甚至前一周就开始了。

一、课前预习

美国的法律体系和法学院的学习经历是很独特的。由于其属于普通法体系,美国是目前少数的几个完全接受法官判决作为主要的法的渊源的国家,并把这些判例用于对未来案件的审理。普通法在整个法学界的影响力很大,部分学者指出法学发展的国际趋势将是接受案例法。并且在不同的法系中,学者可能会对不同的法律理论有不同的看法,但是却往往同意法官做出的个人判断。

因此，学会如何去阅读、解释和分析案例法已成为各国律师的重要执业要求，特别是当他们的客户涉及美国的案例或者是在全球性的市场上发生争执的时候。美国法学院正是基于对这种能力的训练，在教学方式上几乎都使用苏格拉底式教学法。苏格拉底说"我只知道一件事，那就是我什么也不知道"，"我像一只猎犬一样追寻真理的足迹"。与其精神相对应，苏格拉底教学法强调对话和进行共同的哲学思考，在教学过程中，学生和教师都进行着学习，其办法是"通过讨论而探索"，探索到一个问题的更深的洞见。而讨论的基础在于，学生和教授首先都要熟悉所要讨论的主题，重要的是讨论的双方——学生和教授——必须处于一个共同探索的过程。因此这就不同于国内教学中先由教授进行讲解，然后再由学生进行讨论的情况。所有的案例必须在上课以前由学生自行阅读和理解，然后上课时在教授的带领下直接进入主题开展讨论，所以可想而知课前的预习有多么重要。

美国法学院学习生活的痛苦之一在于课前预习，每门课每天晚上都会安排10~30页的阅读内容，加在一起平均每天都要阅读60~80页的资料，而这还只是一个基本的标准，实际上每天的阅读量基本上都在100页以上。

美国所有的案例都是由审判法官撰写的，为了表现出律师和法官的专业性，这些案例的措辞非常讲究，而且由于美国自成立以来一直在沿用着古老的案例，为了保持这些案例措辞的一致性，即使是新案例在撰写上也会沿用很多传统的措辞，所以美国法的案例读起来是非常晦涩难懂的，即使是美国学生也会认为这些案例是"英语中的外语"！因此每天美国学生基本上要花在阅读案例上的时间是2~3小时，而中国学生一般在5小时以上。在阅读这些案例时，需要同时制作案例的 brief，以备上课时使用，而每个案例往往是要阅读两到三遍才能够基本明白其中的意思，有时候还需要和同学提前进行相关的讨论。如果在上课前没有阅读这些案例,那么上课时的状态完全就是"听天书",而课堂上的讨论更是无法参加。

二、听课

对多数中国留学生而言,刚开始几周的课堂是非常痛苦的。

首先是语言关。虽然考入美国法学院的留学生都经历了LSAT或者TOFEL考试,具备了基本的英语听说读写能力,但是要想在课堂上完全听懂是需要一段时间去适应的。在课堂上,如果是J.D.学生,教授完全不会考虑语言问题,语速飞快,激情四射,国际学生开始时往往苦不堪言。在LL.M.的课堂上虽然国际学生居多,教师开始时会充分照顾语言障碍的问题,但是由于很多西亚学生的官方语言就是英语,而他们往往又积极发言,很快也会使教授们渐入佳境,对中国学生而言就要四体冒汗了。要快速突破语言关,除了多练听力和口语外,做好课前预习是关键,熟悉教授上课讨论的内容会帮助你很快抓住教授讨论的主题。

接着是口语关。初用英语的人往往觉得难的是听力,口语上只要会写就好办,但是真正到了实践中口语往往比听力还难。一是准确的发音,在国际学生的课堂上,虽然大家说的都是英语,但是各有各的味道,中国学生的发音相对准确,但是常年说字正腔圆的汉语使我们的英语说起来也显得比较铿锵,所以改变发音很重要。二是美式的表达,中国人表达比较婉转,而美国人说话非常直接,在课堂上有限的时间内每个学生都希望发言,所以很多时候就要简单而准确地表达自己的意见,除此以外美国人喜欢举例子,因此要学会用合适的案例来帮助自己表达。三是准确的措辞,虽然进入美国法学院的中国学生都学习过多年的英语,而且具有较高的英语语言能力,但是在法学院,很多单词的使用是非常讲究的,而且很多单词的词义比国内学习的要更多,甚至不同,因此在口语中要注意。

法学院的课堂都是在教授的介绍中开始的，每位教授在第一次上课时都会简单介绍自己的情况，并会详细介绍该门课程的考试要求。这个非常重要，因为一般在开学初的数周内可以调整选课，所以一定要明确考试的办法，由于美国法学院考试分为多种，有的是以论文或者作业的形式考核，有的是以实践性的工作考核，还有的是传统的考试，所以要适当选择不同考试方式的课程，一般考试课、论文课和作业课的比例以 1∶1∶1 为好，这样可以适当分配在一个学期中的整体压力。教授还会告知他们的会客时间即 open time，这个时间学生可以去他的办公室和他们讨论课堂上没有搞懂的东西。由于美国法学院所有的课程成绩都包括课堂参与成绩，所以课下积极和教授讨论也会影响部分教授的评分。

听课时非常重要的一个环节就是记笔记。美国法学院的学习必须依靠笔记，否则在期末复习的时候根本无从下手。记笔记不是课堂上开始的，而是在预习的时候就要开始。因为美国是普通法国家，所以几乎所有的法律规定和原则都是靠案例提供的，因此要明白这些法律原则和规定就必须熟悉相关的案例，而一个案例往往是冗长的，如果没有笔记，在复习的时候根本没有时间重新阅读所有的案例并归纳。

一般法学院完整的笔记应当包括 Case brief，Questions，Discussion 和 Comments 四个部分。Case Brief 是在预习的时候要做的，以备上课使用，并且是整个笔记的基础，后面的三项都是围绕 brief 展开的。Questions 指的是课堂上教授针对案例提出的问题。Discussion 指的是学生们的讨论情况，这些可以帮助你开拓思维，并让你了解别人是如何思考和分析的。Comments 则是整个笔记的结论。在课堂上，有些学生喜欢直接记笔记，但是大家都很明白，当你记笔记的时候就会漏掉一些课堂内容，所以有些学生选择课堂上只记一些要点，下课后尽快整理完善，还有的学生根本不记笔记，而在课后进行总结整理。这些都可以根据个人习惯来进行，但是现在很多现代化的设备可以帮助我们,一些学生会选择带上录音设备,做课堂录音,课后重听整理,这是一种好方法,但是由于法学院课下阅读量太大,很少有学生能够有充足的课后时间进行全面重听,因此实际中很少用。

最好的办法是,课前做好 Case brief,课上记录要点,课下及时整理补充。要在课堂上记录下要点就需要使用很多的速记符号来帮助我们快速记录,在美国的法学院有一套相对常用而完备的符号系统,这些符号也会被教授们经常使用,所以记下这些符号非常重要。常用符号如下:

Note－Taking Symbols

P or π	Plaintiff
D or ∆	Defendant
TP or θ	Third Party
CA	Cause of Action
Q or ?	Question
H	Holding
BP	Burden of Proof
K	Contract
T	Tort
IT	International Tort
N	Negligence
SL	Strict Liability
Df	Defense
CN	Contributory Negligence
AR	Assumption of Risk
4C	Foresee
PF	Prima facie
DM	Damages

BR	Breach
Du	Duty
BFP	Bona fide purchaser
PUN	Punitive
STD	Standard
RIL	Res ipsa loquitur
NPS	Negligence per se
ORPP	Ordinary Reasonably Prudent Person
L	Lawyer
W/	With
W/O	Without
&	And
v.	Versus
Aff	Affirmed
Rem	Remanded
Rev	Reversed
Ct	Court
J	Judge
Jmt	Judgment
RS	Restatement
∴	Therefore
b/c	Because
EX	Except/Exception
INF	Infer/Inference
Prof	Professor
s/be	Should be
=	Same as, equal to
≠	Not the same as, equal to

SoL	Statute of Limitations
§	Section
¶	Paragraph
Art.	Article
Hypo	Hypothetical
s/w	Spoke with
@	At
PH	Procedural History
B/w	Between
gov't	Government

除此以外,还有很多教授有很多个人常用的符号,而作为学生自己也可以开发一些速记符号,这些符号可以帮助你很快地记录下课堂上的一些问题。在美国的课堂上,除了这些速记符号,缩略语也很重要,教授为了节约时间经常用缩略语来表示某些特定的短语和词组,一般在第一次使用的时候他们会标示出来,而以后就不再标示而直接使用,所以在笔记中要把这些缩略语也都记下来。

三、课后作业

对于一个合格的法学院学生而言,课后所要做的事往往是学业成功的关键步骤,这包括完成作业、整理笔记、与教师交流等几个重要环节。

1. 完成作业

美国法学院的作业形式多种多样,除了常见的论文以外(我们将会在后面详细介绍论文的写作),还包括做 Case brief 和 Memo(后文都会详细介绍),Response Paper,小组主题讨论、试卷等。

Response Paper 指的是课堂反馈文章,一般很多教师会要求学生对其所教授的某一堂课的内容或某一问题进行反馈。由于美国法学院的课堂多数为开放性的课堂,所以在课堂上会产生很多不同的观点,作为教授,要将现有的法律观点和自己的观点告诉学生,同时也需要不断地听取学生的看法,以不断调整和革新现有的观点,因此这种反馈文章在教学中就具有了特殊的作用,成为师生之间重要的交流观点方式,而这样的文章往往也是学生撰写论文的工作。写 Response Paper 一般分为三步,第一步是复述课堂内容,第二步是提出讨论观点,第三步是阐述自身观点。作为法学院的学生作业,教授对 Response Paper 的要求并不是很高,所以作业的重点往往还是在复述上,教授首先要保证的是学生正确理解了课堂上教授所讲述的观点。在写作中,学生往往需要用70%以上的篇幅来复述课堂内容(也许有的法学院并不这样要求,具体要看教授的要求),甚至很多关键问题要用教授的原话,这就需要上课时的笔记了。不过如果上课没有完整地记下来也没关系,如果布置这样的作业,一般法学院会提供课堂录像供下载使用,学生可以下载课堂录像,反复听,直到弄懂为止。认真地复述了教授的课堂内容后,往往就出现了一个清晰的课堂提纲,那么第二步就是在课堂提纲的基础上,选择某一观点进行讨论了。对于很多中国学生来讲,选择讨论观点尽可能选择有比较法意义的。因为中国学生对很多美国法律了解得并不多,毕竟很多法律知识是课堂之外了解的,而中国学生初来乍到并不熟悉,要想在美国文化的基础上对法律观点提出异议是非常难的。然而,由于中国学生已经熟悉了中国的法律,那么在 Response Paper 中选择一个中美不同的观点进行讨论则容易得多。而第三步则是整个作业的亮点,也就是阐述你的想法。这里必须要注意,这个想法必须是"你"的想法,即使你做的是比较法的对比,这里也要阐释的是你在比较后的想法,而不是中国法律对该问题的想法。同时,为了使你的想法更具有说明性,建议在写作过程中除了对比中美两国法律外,最好再借鉴欧盟、俄罗斯、日本等国立法,或者选择与美国交往较多的墨西哥、加拿大立法,这样你的文章就非常丰满了。

小组主题讨论是另一类作业。由于美国法学院的课程注重学生个体思维的开发,因此很多时候作业会以小组为单位,由学生自行开展,形式多种多样,比如可以三人一组,一个代表被告、一个代表原告、一个代表法官,就某一问题展开讨论。三方分别提出本方观点,并可以指出本方的关键证据需要什么,以及为什么,然后在课堂上进行阐述。还可以由数人组成一组,该组负责设计一个案例,在案例中提出要讨论的核心问题,然后组织全班同学进行讨论。还有一种形式是数人组成一组,针对教授提出的某一问题进行分析,在分析的基础上形成结论,然后在课堂上进行陈述。这一类作业非常锻炼学生的参与力,每一个学生的任务完成情况都会影响到本组的成绩,所以必须形成真正的团队合作,有分工、有统一才能完成。而且,由于小组讨论中有大量的交流,所以良好的听力和口语是必不可少的,尤其在很多法学院的讨论中,虽然国际学生很多,但是美国学生很少考虑语言的障碍,往往把讨论进行得飞快,所以一般不建议中国学生在第一学期选择有类似作业的课程。

试卷是很多中国学生所喜欢的作业方式,和中国很多大学的课后作业相似,老师布置一些题目,由学生自己去完成。但是这里要强调的一点就是必须要自己独立去完成,千万不要去抄袭别人的作业。因为在试卷中,很多问答题都是开放性的,没有正确的答案,完全看学生的思路和想法,而这些往往又是"仁者见仁,智者见智"的,每个学生都会给出不同的想法,如果抄袭,将会非常容易被发现,而美国法学院对学术不端的处理办法非常简单:开除,并且,涉嫌作弊的学生将被所有法学院拒收。

课后作业的形式是多种多样的,每个教授会根据自己的爱好和课堂的特点给出不同的作业形式。在选课的时候,每位教授都会给出课程的作业办法,认真阅读这些要求,详细考虑是否能够完成作业,是选课成功的一个重要步骤。毕竟,在法学院里作业的成绩决定着一切。

2. 整理笔记

整理笔记是每个法学院学生都必须学会的本领,虽然很多学生喜欢在书上用不同的笔做记号,但是没有一个 outline,在复习的时候将会无从开展。而且美国法学院的教材往往是厚厚的大部头书,到了复习的时候根本没有可能再读一遍,因此整理出一个条理清晰的笔记对学习至关重要。

美国是一个判例法国家,因此在整理笔记时,最重要的是做案例的 case brief,这个技能我们会在后面详细讲述。把课本上的每个判例都做出 brief,然后把这些 brief 整理好,就是整理笔记的重要过程。在复习的时候,我们只需把这些 brief 通读一遍,了解里面所包含的规律,在具体的适用中能够选择正确的判例,这就是成功的第一步。就像我的一位导师所说:"Success depends on how many case brieves you have done, not how colorful your book is!"

3. 与导师交流

课下与导师交流是相当重要的。每门课的第一次上课,教授都会公布他的"open hour",在这个时间里是可以到他的办公室和他当面交流的。中国学生一般不太喜欢,因为当面交流对于很多大学四年都没有在课堂上发过言的中国学生来讲是一个难题,尤其是在一个不懂的课程上用英语来交流。然而,这个交流并不像我们想象得那么可怕,其实只要是自己在课堂上有没听懂的问题,或者对某一观点你有新的看法,都可以借这个机会与教授进行交流。法学院的教授们大多都非常和善,而且很多教授都带过外国学生,对中国学生的口语和听力水平非常照顾。特别要指出的是,如果你想在该门课程取得高分,那么课下多与教授交流非常重要,这让他觉得你对这门课非常重视,而且通过这种交流他会熟悉你,了解你的学习情况,并认为你的学习是积极的,平时成绩的点数就会上去,对期末的成绩评定有很多好处。

第四节 考试和毕业

法学院的考试是北美大学中最为繁忙和劳累的,但是对于久经考场考验的中国学生而言,其实压力并不是很大。

法学院所有的课程都会在开学第一堂课的时候告知选课者该门课的考试方法和计分方式,有些课程是以论文或写作练习的形式完成课程考试的,这些我们将在下一章进行详细论述;有些课程是以完成课后作业的形式来计算成绩的,在上一节我们已经做了介绍。这里着重要说的是我们通常所说的期末考试。

美国法学院的期末考试形式多种多样,有60~90分钟的传统型考试,也有3小时、6小时,甚至24小时的考试;有闭卷型的,也有开卷型的,还有可以带回家做的。但是不论什么形式的考试,有一点必须注意,就是考试试卷必须是本人完成的,即使是开卷的或带回家的试卷,仍要求学生独立完成。

关于独立完成,有这样两个基本要求:第一,所有的答题过程不能与同学、教授或任何朋友进行交流,必须是自己完成;第二,在开卷考试中,可以引用相关资料进行回答,但是所有引用部分必须标注出处。

美国法学院以诚信为第一位,所以一般的考试都不会设立监考,教授只会过来把试卷发放一下,然后告知交卷时间就离开了,到交卷的时候再过来收,甚至根本不再回来而是指定交卷地点,学生在规定时间之前自行送去。很多考试甚至是由学生把考卷领走,然后可以在任何地点作答,只要在规定时间内完成即可,这就要求学生有很强的诚信意识。

很多中国学生看到考试说明上提到"take-home",心里十分舒服,感觉比较放松,而实际上这种允许带回家的试卷往往是最难的。法学院的考试往往是开放性的,这种开放性不仅表现在没有固定的答案,甚至表现在没有固定的问题。很多试卷就是一个长长的案例,没有提出任何争议点,没有提出任何需要考生讨论的问题,由考生自行在案例中寻找需要讨论的问题,然后进行回答。所以对很多考生来讲,寻找问题是考出优秀成绩的重要步骤,这一点对很多中国学生来讲是非常困难的。找到问题以后,就是对问题的回答,一般而言,法学院的回答形式是非常标准的,考生提出的问题往往是要求以"true"或者"false"作为回答的,而问题的回答首先则是要明确打出是"T"还是"F"。很多中国学生不太适应这种坚定的回答,往往习惯性写成"probably true"或是"probably false",这是很难得到高分的,必须明确写明哪些是对的,哪些是错的。然后在下面的回答中进行深入的分析,来验证自己的答案。在分析中,一定要注意援引课堂上学过的案例,在案例中都有关于很多问题判定的标准,列出这些标准并与题目情况一一对应进行分析,然后确定是否适用某一判例,如适用则依照判例给出答案,如不适用则提出判断标准后根据情况判定是合法行为还是适用其他法律。总而言之,整个答题思路必须严格依照判例的标准给出确定性的回答,这样才能获得较高的分数。

在迎接考试期间,还要注意到很多教授会充分考虑国际学生或其他专业学生在迎接法学院考试时的不适应,他们会在考试前给出一些模拟的试卷和学生答案,这个一定要看。在看的过程中,重点不是模拟考卷考了哪些内容,而是详细分析教授的题目是如何出的,模拟答案的论述是如何开展的,尤其是教授对作答的要求。很多教授喜欢简明扼要的分析,只需要一一列出问题要点即可,甚至根本不需要写完整的句子,只要点到重要的词组就可以;而有些教授则喜欢看考生详细的分析,甚至个别教授要求考生把写错误的(后来已纠正过的)句子也留下来,从而考察学生的分析思路,那么一定要按照教授的要求去写。请注意,美国法学院教授在给学生打分时考虑的是学生是否学会了法学院的思维方式,是否建立起了法律逻辑性思维,最后才是看学生是否给出正确的答案,所以相较而言,答案中的分析部分尤为重要,即使是错误的答案,但是如果显示出正确的逻辑和思维路径,仍然不影响得到较高的分数。

美国法学院的分数一般是以4.0为体系的,所有的学生成绩汇成一个正态分布曲线,最高分为4.0,一般一个班上获得4.0分数的同学不超过8％。同样的,一般会有5％的学生被评定为不及格。在多数法学院中,2.7是及格线,但是要注意的是这指的是J.D.的成绩;对于LL.M.和Ph.D.而言,及格分数往往是3.0。由于很多课程LL.M.和Ph.D.是与J.D.们一起上的,而实际上LL.M.相对于J.D.而言往往成绩要差一点,因此对LL.M.们来讲非常危险,很容易被评定为2.7、2.8或2.9。从教授的角度来讲,他认为给你评定的是及格成绩,但实际上由于你是LL.M.或Ph.D.,要求更高,结果成绩没有及格。所以,对很多修习LL.M.或Ph.D.的中国学生而言,法学院的考试就是一场你死我活的厮杀,必须要拼过30％的J.D.,才可能顺利通过课程考试。

这里尤其要说的问题是,虽然中国学生很擅长考试,但是在一个母语是英语的环境中,中国学生的劣势非常明显,不要认为中国学生出国的都是优秀学生,也不要认为中国人都很聪明,更不要相信那些中国学生只要考试就是成绩遥遥领先的神话。在法学院里,学习最苦最累,一直在别人后面追赶的往往就是你!中国学生的优势只能是我们更坚忍、更能适应法学院的残酷而已。而对于美国学生,由于他们从小就习惯于讨论式教学和美国文化,所以在课堂上更加得心应手,同时也不要误以为美国学生对成绩不在意,他们对成绩的执著是难以想象的,因为在美国法学院有一个说法,在校期间,你得到了多少个4.0,那么毕业后你的年薪后面就有多少个0!

虽然考试的压力很大,但是基本上中国学生都能够按时毕业,事实上每届法学院的学生不能如期毕业的少之又少,只要修满相应的学分,那么毕业就是顺理成章的了。

毕业季是忙碌而又兴奋的,一方面有很多的考试要准备,很多法学院还要求写作毕业论文,而且大多数法学院毕业生都在准备着当年的律师考试,这使得法学院生活的最后岁月相当紧张,平均每天至少有10~12小时忙于学术。而另一方面,美国高校毕业季的各种庆典活动又会给毕业生们在忙碌中增加许多乐趣。

毕业典礼是美国家庭生活中的一个重要活动,各个高校也会邀请毕业生的家属参加各种各样的庆典活动。在校内,也会有不同层次的庆典,比如法学院的、学校的,以及不同学院间的联欢活动。在庆典中,毕业生就是主角,家属坐在看台上观看他们的毕业仪式。美国高校注重对每一个学生的尊重,尤其是法学院,院长会一个一个地宣读毕业生名字,毕业生逐一上台领取毕业证(当然,多数时候都是证书的皮子,真正的证书往往要毕业后一两个月才寄到),家属在台下高呼祝贺,这种感觉是非常幸福的。往往伴随着典礼的还有酒会,毕业生和导师们可以一起拍照留影,记录下人生的美好岁月。

美国高校的毕业典礼着装十分讲究,在典礼上,毕业生是要穿戴学位服和学位帽的,每个学校有每个学校的特色服装,而参加典礼的教授们则会穿上本人所获得最高学位的院校的毕业服。所以在很多大型的综合性院校毕业典礼上,主席台上的教授和院长们往往穿得花花绿绿,这也代表着该学校教授来自不同的院校,学术氛围更为自由和融合。而在酒会上,则是另一种穿戴。一般男生都是穿戴正装,女生穿戴晚礼服,还有很多学生会穿戴本民族的传统服装,这会把酒会装点得更加璀璨,日本女生的和服和阿拉伯国家的民族服装往往十分抢眼。

第四章　美国法学院基本学习技能

美国的法律体系和法学院的学习经历是很独特的。由于其属于普通法体系,美国是目前少数的几个完全接受法官判决作为主要的法的渊源,并把这些判例用于对未来案件的审理的国家。普通法在整个法学界的影响力很大,部分学者指出法学发展的国际趋势将是接受案例法。并且,在不同的法系中,学者可能会对不同的法律理论有不同的意见,但是却往往同意法官做出的个人判断。因此,学会如何去阅读、解释和分析案例法已成为各国律师的重要执业要求,特别是当他们的客户涉及美国的案例或者是在全球性的市场上发生争执时。

美国的法学院是在这一法律体系下,使用苏格拉底式教学和案例教学法的。理解和调整并适应这一点是走向成功的关键,国际学生要想成功从法学院毕业,必须学会美国的法律研究方法和写作特点。

在这一章中,我们并不是教授学生具体的法律问题,而是教会读者一些有用的学习方法:从新的角度去思考法律,使用新的法律研究方法(包括图书馆的使用和电脑的使用),思考分析法的渊源并将之应用于实际法律问题等。这里不仅将会教你如何完成法学院的课程,还会教你如何在未来的执业生涯里完成你的工作,包括学会分析原因和案情、如何写作具有美国特色的 memo 及学术文章,这些都是美国律师每天要做的工作。

第一节　美国法律逻辑基础与 IRAC

法律在欧美文化中被认为是各种规范着人们行为的，并被某种权力保障执行的规则体系。法学家们认为法律必须具备两大特性：可预见性和灵活性。法律具有可预见性才能保证人们在做某项行为时预见到该行为的法律后果，律师们才可以明确地告诉被代理人们该怎样去做或不该怎样去做。法律具有灵活性才能使其不断地适应不同的情况、时代，并能够得到良好的适用。

法律具有两个不同的重要的渊源，一个来源于立法，另一个来源于案例。根据法院在审判中对法的渊源的选用，我们可以划分出民法法系和普通法法系。在民法法系中，法院基本不适用判例法，而以立法作为主要的法的渊源。民法法系中，法的主要渊源包括立法和习惯，而行为习惯也是要通过立法的形式上升为法律之后才具有约束性。这些条文一经通过上升为法律，则具有至高的效利，因此，这些法律必须是具有稳定性和确定性的，这样才能使法的预见性发生作用。然而，这些法律在具有稳定性的同时，又必须具有灵活性，这样才能适应不同的行为模式，这就需要在立法的同时要兼顾每个条文的灵活性。由此，则产生了一个矛盾，就是立法者在立法的时候既要为法的灵活性在条文中做出保留，又要使法律具有确定性和稳定性以体现法的预见性。这个矛盾是民法法系在立法中的一个不可避免的问题。

而普通法系则避免了这一矛盾。法官在审判过程中，可以严格依照现有的判例法做出判决，这保证了法的预见性，但是在实际中，针对案件的不同部分，又允许法官在现有判例法的基础上加以延伸和修改,这就很好地保证了法的灵活性①。所以在民法法系和普通法法系中有一个重大的区别就是,在民法法系中发挥重要作用的是立法者,而在普通法法系中则是法官。在普通法法系中,案例的判断相对比较简单,相似的案件做出的判定也应该相似。

同样的,在不同的法系中,法律从业者的分析思路也完全不同。在民法法系中,法律学者在分析案件时,首先从法律入手,从适用的一般原则出发,然后是大前提、小前提,从而确定案件是否适用某一法律原则和条文,然后根据条文得出结论。与之相反,在普通法法系,法官首先从案件着手,进行归纳和演绎,并进行案件分析,总结出案件要点后确定适用判例法,根据相似的判例法得出相应的法律结果。

正是这种不同的法律思维模式,成为了美国法学院中主要的考试要点。在其他学校或其他学院里,一般的考试注重于考察学生是否阅读和掌握相关的知识和原理,这种考试比较多的是考察学生的记忆能力。而在法学院,注重的则是学生发现问题,抓住主题并进行逻辑分析的能力。所以,典型的法学院考试往往是在一个案件中让学生分析,当事人的有利部分和不利部分,要学生学会分析问题和使用相关判例,并结合判例进行分析。典型的答题模式被称为 IRAC 模式,即 Issue, Rule, Application 和 Conclusion。IRAC 模式,以及它的类似变量式 CRAC,这是在北美法学院和律师界广泛应用的标准的分析方式,使用泛围包括课程考试、法律备忘录的书写和答辩状等。在 IRAC 模式中,当一个律师准备说明一个问题时,他的逻辑思路一般是这样进行的:

① 分析法律问题,并提出分析主题;
② 陈述并解释可使用的相关法律原则;

---

① 这个问题属于法官的自由裁量权问题,其前提为法官的专业素质要求和对法官裁量权的有效的限制。

③ 将相关的法律规则(在判例法中,很多是已然的法律模式)适用于当前的法律问题;

④ 得出结论。

在 CRAC 中所不同的是用 Conclusion 代替了第一个 Issue,所以是先给一个可能的结论,然后通过分析论证之。

下面我们来具体看一下。

在 IRAC 模式中,第一个环节是 Issue,即法律问题,也就是在该案例中涉及的法律问题是什么。一般在一个案例中不一定只涉及一个法律问题,可能是一系列法律问题,而这些问题往往又互相具有关联性,通过层层剖析问题,才能准确地定位该案件的核心问题。在所有的法学院中,教授们特别注重的就是学生如何在一个复杂的案件中剥离出核心的问题。而在实际工作中,所有的当事人进入律师事务所的时候,他们都带着一个案件,而很多时候他们都认为这只是一个简单的法律问题,但是作为法律工作者必须要从中层层剥离出实际的核心法律问题。在美国法中,如何适用一个判例法,为什么适用某一判例法,往往决定于在案例中具体的行为关系是否与该判例相符,或者说案件事实部分是否适用某一判例法,而这种相符就是在这个剥离中逐步确定的。比如当我们讨论一起商标侵权案件时,我们所要确定的法律问题不仅是他是否侵权,而是要通过多个问题来确定,包括:原告是否有商标权、被告是否有商标权、商标是否相似、被诉侵权商标是否商业使用等。通过这些问题才能确定是否能够判断本案件是一起商标侵权案。而这些要分析的法律问题也是要根据判例法的判断标准去设定的。

在 IRAC 中,第二个环节是 Rule,即法律规则,就是在找到问题后,找出问题所需要涉及的法律规则,即针对前面所提出的各个 Issue 寻找出法律上的相关规定。这个环节在整个 IRAC 模式中是最重要的一步,因为分析者必须在这个环节中找出所有可能出现的重要判例法,任何一个重要判例的援用都会直接造成后面推断的错误。一般来讲，这里主要要做好两步。第一步是要了解很多法律规则是在不同的案例中分散地表述的，必须要了解这些不同的部分之间的关系。第二步则是将这些不同的部分进行逻辑处理，使它们构成一个完整的法律规则。比如说，在很多判例中，一个法律规则的陈述是很简单的，但是对于该陈述所表达的事实情况和法官在做出判决时所依据的标准，则是在具体的案例分析中，或引用其他案例的结论或分析时，因此要很好地把握一个判例所蕴含的内容，必须要将多个相关判例以及它们的适用条件加以分析。举例来讲，有两个类似的案件，一个是 1－800 contacts, Inc. v. Whenu.com, Inc. and Vision Direct, Inc.①，在该案件中，原告控诉被告通过网络运营商，在原告的网页打开时会自动弹出一个被告的广告链接，由此提出被告侵犯原告的商标权。而在另一个案件——Rescuecom Corp. v. Google Inc. 中②，原告控诉被告通过网络运营商，在客户搜索原告网页时，输入完原告商标关键词后会弹出被告的网页。两个类似的案件有着不同的结果，在 1－800 案件中，原告败诉，因为被告并没有将其商标用在任何商品上，而只是用于网络宣传。在另一个案件中，被告则使用了原告的商标用于网络搜索结果。由此可见，细节不同会直接引起适用法律规则的不同。

第三个环节 Application 是指将法律规则适用于案件事实，第四个环节 Conclusion 是指经过前述的分析，得出结论，案件事实是否适用法律规则。在这两个环节中，重要的地方在于规则的适用。通过第二环节 Rule 的寻找，我们可以明确 Rule 的适用范围。这个时候，就需要我们小心仔细地对比 Rule 所适用的案件事实和本案的事实是否一致。在这里，我们可以非常肯定地说，没有任何两个案件的事实是完全一致的，那么我们如何比对呢？这就是对 Rule

---

① 414 F. 3d 400.
② 562 F. 3d 123

的把握以及对法官思路的把握,同时也是做出法律解释的地方。我们一方面要查阅大量相关案例,找到现成的法官的解释,另外就是要自行推理做出解释了。作为律师,我们做出的只能是任意解释,但 IRAC 的关键就在于,我们的任意解释是否符合法官的解释,我们的逻辑考虑是否与法官相一致。所以在适用中,首先要排除掉不影响案件性质的条件,然后根据已有的法律规则筛选可以定性的事实,最后对是否适用不同的要素进行讨论。请注意,即使是到了这个环节,这种讨论仍然不是随意的,而是建立在法官逻辑基础之上的。那么,这个法官的逻辑在哪里呢?这就需要我们回到判例中,反复琢磨法官的每一句话,在判例的写作中,法官们会给出他们的分析思路,他们的道德倾向,法官的价值判断往往存在于简短的描述中,而这些描述则是最好的让我们把握他们思维的地方。所以在美国读法律很累,不仅是因为我们需要知道重要的判例法,还要对这些判例法中整个逻辑过程和思维过程加以把握,换句话说,不仅要知其然,更要知其所以然。

  在进行了分析后,得出最后的结论已经不再是一个实质性的问题了。当然,很多年轻的律师或是法学院的学生,都会保持一定的严谨性,不能肯定自己做出的解释是否符合法官逻辑,因此喜欢用"probably yes"或"probably no"。诚然,这是一种严谨的表现,但也显露出一定的不自信,所以建议在写出结论时尽量用肯定的"yes"或"no"来表达。

第二节　判例法记忆神器 Case Brief

  在美国,律师的薪水直接取决于他的分析和写作能力。在执业生涯中,律师之间的讨论大多在书面上,写作和分析能力是相互提高的。律师必须熟悉案例的特点和关键情节,并了解法律问题的发展,这些都依赖于最基本的一种法律笔记——case brief(案例

第四章 美国法学院基本学习技能

简介）。

在美国法学院的学习中，每天都要阅读大量的案件，平均一个学生每天的阅读量在 80～120 页左右，而在这些阅读当中，还要不停地把每一个读过的案例记下来，以备上课时教授的提问。在课堂上，教授从来不会给时间让你去翻书找案例，或者给你时间去想这个案例是怎么回事、谁是原告、谁是被告、争议的焦点是什么，他们一上来就提问通过这个案件的事实，你有什么看法，这个看法可以推导出什么结论，这一结论是什么法律问题。对英语不是母语的学生来讲，每天 80 页以上的阅读，已经足足占满了凌晨两点以前所有的时间，并且使你头昏脑涨，那么在课堂上我们如何迅速回忆起昨天睡觉前朦胧状态下看过的案例呢？同时，一个法学院的考试，往往会涉及一本书上的各个案例，而考试时间是固定的，虽然多数考试都是开卷的，但学生根本没有时间在浩如烟海的案例中一个一个去翻阅，即使是考前的复习，也很难有充足的时间把学过的案例全部看一遍。怎么办呢？把重点在书上画下来吗？实践告诉我们，这不可能。因为当你阅读案例的时候，你会觉得每一句话都很重要，毕竟法官在写案例的时候也是惜字如金的。

这个时候，case brief 就显得尤为重要，做好一个案例简介，可以帮助你在课堂上迅速地回忆起案例的基本问题，这是你能跟上课堂速度的唯一办法。美国法学院的教授会在每次上课前给你布置大量的阅读内容，这些内容一定要读完，虽然有时量大得让你感觉是在开玩笑。笔者就曾有一次晚上 9 点收到教授的邮件，布置了 186 页的资料，准备第二天早上八点的课上使用。如果你没有读完，最好的建议是上网或找同学，先把所有的案件的 case brief 阅读完，否则，你上课的时候和听天书是一样的，不管你听力有多好，你肯定听不懂，因为你根本不知道讨论的主题是什么。同时，做好 case brief 也是复习时的重要保障，没有充足的时间看完像"砖头"一样的大书，把 case brief 看完也是可以的，就像我的一个导师说的:"Your score will be based on how many brieves you have done, not how color your book is!"

那么,如何做 case brief 呢?

首先,还是要认真阅读案例。毕竟案例是我们做一切工作的重要依据。在阅读案例的时候,我们从以下 7 个层次来总结归纳:

① Title

② Facts

③ Procedural history (or posture of the case)

④ Issue

⑤ Holding

⑥ Rationale (or reasoning or ratio decidendi)

⑦ Rule

当我们开始写 case brief 的时候,首先在纸上写下案件的 title,包括控辩双方、审理法庭和审理时间。接着,我们对应下面的六项开始填空游戏。

Fact——事实部分,首先要用自己的语言尽可能简练地说明案件事实,包括谁是原告、谁是被告、因为什么起诉,以及一些关键性的事实。因为很多案例中,就是针对某一关键事实来定性判例是否适用的,或者说有些判例学习的目的就是为了确定某一关键事实的法律意义,比如在认定商标侵权时,案例 1-800[①] 中提到"In order to prevail on a trademark infringement claim for registered trademarks, pursuant to 15 U.S.C. §1114, or unregistered trademarks, pursuant to 15 U.S.C. §1125(a)(1), a plaintiff must establish that (1) it has a valid mark that is entitled to protection under the Lanham Act; and that (2) the defendant used the mark, (3) in commerce, (4) 'in connection with the sale……

---

① 1-800 contacts, Inc. v. Whenu.com, Inc and Vision Direct, Inc. 414 F.3d 400.

or advertising of goods or services,' 15 U.S.C. §1114(1)(a), (5) without the plantiff's consent ······ In addtion, the plaintiff must show that defendant's use of that mark 'is likely to cause confusion······ as to the affiliation, connection, or association of [defendent] with [plaintiff], or as to the origin, sponsorship, or approval of[the defendant's] goods, services, or commercial activities by [plaintiff].' 15 U.S.C. §1125(a)(1)(A)[.]",这些是关于商标侵权的主要认定标准和依据,所以在做这个案子的 case brief 时,必须要把这一依据记录进去。在写事实的时候要尽量简练扼要,并要学会使用各种记号和缩略语。

  Procedural History 是诉讼程序,它用来说明案件是如何到达本审判庭的。在教材中,很多案例都是上级法院做出的判决,所以在这个地方要写清原告起诉的诉由以及下级法院做出的判决。

  Issue 是争执问题,一般在案例中,issue 会很早就被审理法官明确地指明了,所以要学会快速地找到并记录下来,如果没有直接指明,那么就要检查下级审理法院在处理中是否找错问题了。但是,无论争执问题在哪里出现,它都必然是本案事实与适用法律规则的结合点。当然,所有的案件都一样,争执点可能是一个,也可能是几个。

  Holding or Judgment 是判决结果,判决结果指的是这个案件最后谁获胜了、审判庭是如何决定的、赔偿是怎么计算的等。但是这里要注意一点,由于语言的问题,有些法学院的教授会把 Holding 和 rule 混为一谈,当他们问你 Holding 的时候,往往是问你这个案件体现了什么法律规则。这就需要你在具体的学习中去摸索教授的用语习惯了。

  Rationale 是审判依据,这个是 case brief 中最重要的部分。在这个环节中,必须总结清楚审判庭是依据什么做出的判决,有的时候是根据事实过程,即在引用判例时采用事实过程一致或不同的判例，有的是根据公平或正义，有的时候根据政策导向，有的时候根据社会的公民确信，还有的是根据逻辑推理，当然更多的是综合上述的多个理由做出决定。所有这些理由必须充分归纳总结并记录下来。

Rule 是法律规则，最后用最简单的话语把本案总结出的或适用的法律规则写下来。这样一个完整的 case brief 就完成了。

这里，我们要注意的是，制作 case brief 只是美国法学院学生的一个最基本的技能，case brief 严格意义上还算不上法律文书，只能是笔记的一种。所以在制作 case brief 的时候，首先要注意使用自己的语言，因为这个 brief 是给自己看的，是为自己服务的，有时候在判例中可以直接使用法官的原文，但是在第二次看的时候，总会感觉比自己的语言晦涩。其次要注意用语的简练，因为制作 case brief 的目的是为了节约时间，如果制作完的笔记还需要大量的时间去领会，那么就说明你总结的水平还没有到位，一般而言，case brief 都是用一页纸做完。笔者当年第一次的 case brief 作业就是被要求将一个长达 40 页的案例制作成一个不超过一页的 case brief，连阅读带制作整整用了 10 个小时。第三，制作 case brief 的办法有很多，在学习期间，最好是记录在书的空白处，或者制作成卡片夹在书中。这样，复习的时候，当看到某一案例时，就可以直接看 brief。也有同学在做笔记的时候，把一张纸分作两边，一边是笔记，写清法律规则，一边是相应的 case brief，这样更为清晰。不管采用哪种办法，case brief 无疑是提高学习效率的一个最好的办法，刚开始的时候，很多学生不习惯，甚至觉得写 brief 是阅读之外的一个额外的包袱，但实际上这正是千千万万美国律师们总结出来的黄金经验，刚开始的时候写起来是很累，但是坚持下来，往往在阅读的同时就可以随手写下来了。

第三节　如何撰写 MEMO

进入美国律师事务所工作，每天都会深埋在堆积如山的文案中，而需要一个年轻律师或者律师助理做的最常见撰写的文书就是 memo。

memo 是一种主要使用于律师事务所内部的法律文书，它的主要作用是帮助律师事务所分析和做出决定如何最大限度地帮助委托人以及深入地针对诉讼进行分析，所以 memo 也是律师事务所的一种内部的保密性文件，不能被诉讼对方知道。在法学院的学习中，教授也会要求学生模仿这种工作，撰写关于某些论题的 memo，这样的锻炼可以使学生很快地熟悉律师工作。

memo 要深入地分析诉讼的原由和审判的争执点，并罗列出委托人的优势和劣势。memo 的用处有两种，一种是针对委托人，提出如何最大化优势证据和如何避免或处理劣势状态，这种情况下的 memo 一般是仅对个案的。另一种，从 memo 分析案情的争执点方面，有些 memo 也可以成为针对某些共性问题的法律参考资料，成为律所内部资料，供以后遇到类似问题的律师进行借用和参考。

在美国的律师事务所，memo 很多时候都是合伙人布置给助理律师的任务，有其特殊的规定。作为一名年轻律师或助理律师，接到这样的任务后，首先要考虑什么呢？

一般来讲，年轻律师接到任务时对案情是一无所知的，所以最先要做的就是到合伙人那里，明确关于案件的一些基础问题，这些问题一般包括：

① 案件管辖法院是哪个？是否已经提交诉讼文书？有哪些法律问题是我需要注意的？

② 这个 memo 的制作时间是多久？是需要一个深入的分析还是简单的分析？（这个问题很多时候也是结合委托人要求的）

③ 有没有类似问题的供参考的 memo 资料？

④ 有没有好的建议或资料供我采用以便开始我的研究分析？

⑤ 您对本案有哪些初步的想法？

得到这些信息后，就基本可以开始你的工作了。但是请注意，在律师事务所中，与合伙人有效地沟通是提高工作效率最好的办法，远胜于默默不语自己在厚重的资料堆中查询。所以，每一所法学院在录取的时候，都会考察申请者的沟通能力。

尽管 memo 是一种在律师事务所内部使用的文件资料，而且不同的律师事务所有不同的要求，但是从整体上说，memo 的固定部分是基本一致的，这包括三段式和五段式两种。在三段式里主要包括：facts，discussion 和 conclusion，而在五段式 memo 里则包括 issue 或 issues，short answer，facts，discussion 和 conclusion。我们以五段式为例。

首先，我们要熟悉美国一般文本的基本格式，常用的字号是12号字，双倍行距，字体一般采用 Times New Roman 或者 Arel，在每页的中间正下方标注页码。当然有些律师事务所可能会有特别的规定，但是常用的规定是必须要掌握的。

其次，一般一个 memo 是要有一个封面的，如下所示：

MEMORANDUM

TO： Tom Smith（收件人，一般是合伙人）

FROM： Chen Wang（撰写人，一般是助理律师）

RE： Client-Gobster. Inc.：trademark be sold as a searching keyword on the internet to the competitor and be used as a meta tag in the HTML code of competitor's website.（案件名称或委托人名称加争执问题）

DATE： November 15，2014（撰写时间）

在封面的后面，就是五段式的各个部分。

首先是 issue，issue 部分要很简短而明确地提出问题，而这个问题就是本 memo 的主要问题。比如："Is Mr. Harris's conduct sufficient to constitute 'the use or carrying of a firearm in connection with a drug-trafficking crime,' as defined by 18 U.S.C. § 924(c)(1) because he had a gun in his boot while he was selling cocaine?"再比如："Does Internet Service Provider Hooya.com (Hooya) selling Gobster's trademark "GOBSTER" as a keyword to the Wonka Candy Factory (Wonka) infringe Gobster's trademark?"如前所述，由于所做的 memo 有两种可能，一种仅用于本案，另一种用于律师事务所今后的同类案件参考，所以在明确目的的前提下，在罗列 issue 时要注意侧重点。同时，如果一个 memo 中涉及的 issue 较多，可以一个一个地罗列出来。

第二是 short answer 部分，这个部分是针对 issue 而做，每个 issue 对应一个 answer。每个 short answer 都是以"Yes"，"No"或者"Maybe"开始，然后每个答案都用简单的一两句话总结出最简练的答案和理由。

第三是 facts 部分，这个部分相对要简练，用不长的句子总结出本案的事实要点，但一定要清楚地写明案件的具体事实和事实中的关键点。

第四部分是 discussion，这个部分是整个 memo 的主体，在这里要说明适用的法律规则有哪些，为什么适用这些规则，在类似的判例中，就事实部分相似点或相同点有哪些，结合哪些相同点或相反点得出相应的结论。这一部分也就类似于我们写议论文的分析部分。

第五部分是 conclusion，结论部分也是很短的，最多一小段话回答一个问题。这一部分要说明根据什么做出的结论，和 short answer 部分内容类似，但是要说得更清楚一些。

在写作 memo 的时候，为了使我们的工作更加清楚有效，Nadia

E. Nedzel 教授给出了一个清单①：

CHECKLIST FOR DRAFTING INTEROFFICE MEMOS

1. Identify the applicable rule.

2. Dissect the rule.

3. Brief all cases.

4. Prewrite or chart the rule and application as interpreted by cases; check completeness of research.

5. Draft discussion section (indicate citation placement and content); recheck research.

6. Draft fact section, incorporating all facts used in discussion section plus additional information as needed.

7. Draft introduction, issue, short answer, and conclusion sections.

8. Revise, checking language, sentence structure, tone, grammar, and spelling.

9. Put citations in proper form.

当我们开始写作一个 memo 的时候，可以一一对照这一清单，以确定每一步都是正确无误的，没有任何漏项。

这里要加以强调的是，在美国所有法律文书的写作中，都不可避免地要使用引用，那么我们要如何引用呢？引用的格式是什么呢？

在美国的文化中，写作一篇文章或者讲明一个道理，最喜欢用的方式是摆事实，这也许和他们的民主习惯有关，在很多的文章中，证明一个论点正确与否的关键就在于能找到的支持观点的论据或事例有多少、份量如何。因此，引用是美国写作论文最常用的

---

① Nadia E. Nedzel. Legal Reasoning, Research, and Writing for International Graduate Students. Wolters Kluwer, 2nd Edition, 2008.

第四章　美国法学院基本学习技能

方式,甚至在很多文章中,作者本身的语言很少,全部是在不同的典籍中引用的他人观点,而作者只是在这些不同观点中找出自己所需要的部分,将其串成逻辑网论证自己的观点。

在文章的写作中,所有非自己原创的文字都必须标明出处和作者。这样做首先是为了强调该论点的重要性,直接地在每一句后标注出该句话出自谁写的、哪个出版社出版的哪本书、第几页,或者出自哪个判例、哪个法官写的、在第几页,可以使读者迅速准确地找到引用内容的原始出处,从而使读者能够根据原始出处权衡该句话的论证力度,也可以有效避免断章取义的情况出现。如果不能明确标明,或者标明不对,则会使读者认为你的学术水平不足,或者引用没有力度。另一方面,认真的标记每一处引用可以表明你是一个很有法律素养的作者,而且可以大大降低被诉剽窃的可能。

在美国,剽窃是学术界中最不能容忍的行为,因此对剽窃行为的处理是非常严厉的。而法学院的处理则更加严厉,一方面,所有的引用必须要标注出处已经成了黄金法则,人人不敢越雷池半步;另一方面,还要遵守很多我们认为近乎苛刻的要求,比如,标注的格式必须符合通用的方式,笔者就曾经因为在一篇文章中有两处标注没有使用规定格式而被教授批评。再比如,即使是本人的文章,当你在一个课程中作为作业或论文使用了,完成的论文绝不可以直接用于另一个课程的作业。正是这些严格的规定,一方面培养了法学院学生的原创精神,另一方面保持了学术的严谨和圣洁。

由于美国对标注的要求非常严格,相应的规则也很详细,因此有专门的书籍来介绍标注要求,这本书叫作"Blue Book"[①],该书也是所有法学院要求学生必备的书籍之一。在 Blue Book 中详细介

---

① 书名为 A Uniform System of Citation。

绍了引用的各种规则、使用的各种术语和符号的意思,以及如何去标注和引用,在这里笔者不可能将该书全本翻译引用,只能讲一些常用的知识作以简单介绍。

下面就是一些常用的引用文章的标注或引用的规则:

① 在文章中如果需要标注的时候,一般首先在引用的句子或短语后上方用小字符标注引用号码,然后在当页下方给予相应的标注。

② 在文中如果引用他人文章某一句话的时候,应当用引号将该句包括起来,然后在后引号后面标注出处。

③ 在文中如引用他人文章较长的一句话的时候,应将该话单独成段,用引号包括起来,且在撰写时,该段两端要进行缩进,使该段话在格式上两边比原文要窄一些;如果在引文中又使用较长的引文,则应依次再进行缩进;在引文后的引号外加以标注。

④ 引用的文章应当依次标注以下信息:作者的全名、文章的标题(可加下划线)、出版社的缩写、页码数和出版时间。在这里又有几种情况,一种是引用著作,那么按照上述内容可以标注出来。第二种情况是引用自期刊,这个时候一般要标注作者、文章名、卷宗号、简写刊名、文章第一页所在页码、总计页码数以及印刷时间,比如:

Kenneth R. Feinberg, Mediation-A Preferred Method of Dispute Resolution, 16 Pepp. L. Rev. 5, 14 (1989).

在美国论文的写作中,还有一个重要的引用就是引用法条和案例,这一类就比较麻烦了,我们在下一节进行介绍。

第四节 美国法律研究

在美国法学院,学生们都会被要求完成一定的研究题目,撰写出相应的论文。同样,进入美国的律师事务所工作之后,为了更好地处理案件,进行相应的研究是必不可少的技能之一。那么这里我们就来看一下如何开展研究。

一、法律资料

在美国常用的法律资料主要有三种:一种是纸质资料,通常称为"Hard Book",这是最基本的研究资料,就是图书馆里或者资料室里厚厚的各种书籍;第二种是商业数据库;第三种是非商业数据库。后两种由于都是由计算机支持的,所以有时候统称为"CALR",即"computer-assisted legal research"。

目前美国最常用的两家商业数据库是 Westlaw 和 LEXIS,这两家公司几乎垄断了所有的法学商业检索业务,而且它们与几乎所有的法学院都建立了合作联系,在法学院设立有工作室和专门负责人员。所有法学院刚开学的时候,两家公司都会开办免费的培训班,而且几乎所有的法学院也都会提供两家公司的服务业务。学生可以自由地使用两家公司的数据库资源,进行科研检索,并享受免费的打印服务。

非商业数据库则指的是各种免费的资源,比如网络上的搜索引擎、一些政府的公告、大学的资料等,相对而言相对零碎且不成体系。

目前伴随计算机技术的快速发展,商业数据库的使用越来越多,而且商业数据库的更新速度也非常快,因此很受研究者喜欢。

二、研究技能

作为美国法学院的学生或者一个美国律师,要掌握的基本研究技能应当包括:找到信息出处、找到适用的案例、能够正确引用和适用法律。

美国的各种法律资料(legal authority)可以分为首要法源(primary authority)和次要法源(secondary authority)。首要法源指的

是法律本身,次要法源指的是学者们对法律做出的解释。在首要法源中,美国根据法的立法主体不同划分为四类:宪法(Constitutions);法律(Statutes,由立法机关制定);条例(Regulations,是行政部门制定的规定);判例法(Case law,是由审判机关制定的法律)。此外还包括条约(Treaties)等国际法。

美国是一个联邦制国家,而且考察美国的建国史,美国是先有诸州,后成联邦,之后不断发展,扩展为拥有 50 个州的联邦制国家。所以在美国的立法系统中,除了联邦政府层面上拥有宪法、法律、条例和联邦法庭的判例法,在各州也有各州自己完善的立法体系,即各州也有自己的宪法、法律、条例和判例法,这就使得美国的法律出处非常多,当一个学者面对不同的法律条文或案件时,必须熟悉它们之间的适用范围和权重。同时针对多如牛毛的案件和法律,必须建立起一个统一的检索系统,以便学者们能够准确地找到,或者通过标注了解不同案件或法律的出处。这样,美国统一使用了一套检索和引用的标注规则,这就是前文提到的 Blue Book:A Uniform System of Citation。

按照 Blue Book 的规定,法律条文的引用应当按如下规则标注:

① 宪法(Constitutions)

举例:U. S. Const. art. VI,cl. 2.

解释:美国联邦宪法第六条第二款。

标注规则:立法地简写,标识码简写(Const.),条,款,项。联邦及各州缩写见附录一。

② 法律(Statutes)

举例:8 U. S. C. §1101(a)(15)(F)(i)(2006)

解释:美国法典(Code)第八部,第 1101 节(a)(15)(F)(i),2006 年印刷。

标注规则:分部,法典名缩写,条目号(印制时间)。

③ 条例(Regulations)

举例:8 C. F. R. §214.1(2007)

解释:联邦条例第八部,第214.1节,2007年印制。

标注规则:分部,条例集名缩写,条目号(印制时间)。

④ 判例(Case Law)

举例:Lestina v. West Bend Mut. Ins. Co., 501 N. W. 2d 28, 32(Wis 1993)

解释:Lestina 诉 West Bend Mut. Ins. Co. 案,North Western Reporter 第 501 卷,第 2 系列,第 28 页开始,总计 32 页(威斯康辛州高级法院 1993 年判定)。

标注规则:案件名,卷名,报告名,开始页码,总页码(审理法院,时间)。

这里要注意的一个问题是,在美国撰写论文或者条文中的层级标题,一般第一级标题使用(a)、(b)、(c)标注,第二级标题使用(1)、(2)、(3)标注,第三级标题使用(A)、(B)、(C)标注,第四级标题使用小写罗马数字(i)、(ii)、(iii)、(iv)标注。

在不同的引用和法源中,还要注意区分不同法源是否是官方的、是否具有强制力,同时还要考察时效问题。

三、论文写作

在有了初步的研究技能后,我们来了解一下美国论文的写作方法。

论文写作是美国法学院生活中最重要的一部分,前面已经反复说过,在美国法学院学生的生活中,就是读、写、写、读,而在这无穷无尽的周而复始中,就是激烈的争论和思考。但是,一旦我们有了思绪或者结论,最终还是要以写作的形式表现出来。一般而言,美国法学院的各种考试最终都是通过分析写作完成的,剩下很多课程都是以要求完成论文来评定成绩,而论文的长度从 10 页到 30

页不等,甚至更多。作为毕业论文,短的要求 50~80 页,如部分 LL. M. 的论文;长的则要达到数百页。所以,如果要想从法学院顺利毕业,必须要通过论文写作关。

要写作一篇好的文章,首先是要做好论文的选题,也就是在写文章时,要提出一个论点,并通过全文的叙述支持或者证明这个论点。很多论文的写作,都是起源于对某个问题的分析。通过对该问题的分析,进而论证该观点是否符合法律的规定,最后得出相应的结论。这种选题往往是在学习中,结合着课堂中分析的案例而进行的,所以在选这样的题目时候,一定要注意选择自己确实有兴趣,也能引起读者共鸣的热点题目。还有很多留学生喜欢进行比较法学研究,通过中美之间对同一问题的不同处理进行选题。在写作这种选题的时候,一定要注意,通过这种比较分析我们必须得出某种结果,比如说双方法律规定各自的优势有哪些?不足又在哪里?这种不同是否能够通过互补更好地符合社会正义的要求?否则这篇文章只是指出双方在立法上或规定上的不同,无法让读者明白你要分析表达一个什么样的问题。

选好了题目之后,就是开始写作。一般美国论文是分为4个部分的,第一部分是对全文的介绍,包括你所要分析的是什么问题、全文一共分为几个部分、每一部分各自写的是什么问题等。第二部分是关于文章的写作背景,这一部分基本就是提出你要分析的问题或观点,以及这一问题或观点提出的背景,目前的实践状况或理论研究情况。第三部分是文章的主体部分,这个部分就是论证和分析。在这个地方我们要注意,论证中要注意使用前文所提到的 IRAC 逻辑模式,所有的分析要逐层或逐步提出不同的 issue,在解决不同的 issue 过程中,不断向你所要论证的主题靠近。同时,还要注意,美国论文非常喜欢引用,尽可能多地去引用你所能查到的权威资料,在很多论证中,观点能否成立,就在于你所引用的资料是否足够多,且这些资料之间的观点是否能够相互印证或链接,构成一个新的逻辑关系网,而这个网正好包含着你所要论证的主题。第四部分是结论,在这一部分要明确的指明你所阐述的论点,并简要地把你的逻辑关系进行梳理阐述,从而构成一篇完整的论文。

在论文写作中,由于 4 个部分叙述的内容特点,往往写作时是先进行选题,选题后进行资料检索,在检索中基本可以完成第二部分的写作,然后在现有理论成果的基础上进行第三部分的分析论证,得出第四部分的结论,最后才把第一部分完全补充完整。

在写作中,我们可以参考 Gertrude Block 教授给出的一个写作提纲来开展我们的写作。

GENERIC PROJECT OUTLINE[①]

I. Introduction

    A. Why you chose this subject

    B. Preliminary thesis statement: what you intend to do with this subject

II. Background

    A. How the subject developed

    B. Changes that occurred during its development

    C. Why it developed the way it has

III. Analysis

    A. Current state

        1. Advantages

        2. Disadvantages

    B. Changes suggested in commentary

        1. Advantages

[①] Gertrude Block. Effective Legal Writing for Law Students and Lawyers 231 (5th ed.. Foundation Press, 1999.

    2. Disadvantages
  IV. Your ideas for change
    A. Advantages
    B. Defects.

  相信根据这一提纲,很多同学就可以写出一篇符合美国法学院风格的论文了。

  当然,要写作出一篇合格的法学院论文远非这里写的这么简单,一般要经过选题、检索、初稿、二稿、审阅、复写等多个环节,尤其是对于引用材料的阅读和理解,一定要深入地把握,并且在论文后面要详细地列出所有的参考文献。往往一篇论文的形成是需要最少 50 个小时以上的时间(这指的是法学院最简单的课程论文),大量的论文都是要成年累月地在图书馆泡出来的。所以,任重而道远,为了完成法学院的课业,让我们一起努力吧!

参考文献

[1] Nadia E. Nedzel. Legal Reasoning, Research, and Writing for International Graduate Students. Wolters Kluwer, 2009

[2] Eugene Volokh. Academic Legal Writing. Foundation Press, 2003

[3] Gary A. Munneke. How to Succeed in Law School. Barron's, 2008

[4] Joyce Putnam Curll. The Best Law Schools' Admissions Secrets. Sourcebooks, 2008

后　　记

　　早在四年前,初到美国读书的时候,即被美国多元化的文化所震撼,当这种感触还没来得及品味的时候,法学院的求学生活扑面而来。这种生活是枯燥的,每天都在案例和论文中度过;这种生活又是充实的,每天以一种超高的效率在运转。回味起来,辛酸夹杂着甜蜜,艰苦孕育着幸福。

　　回国之后,一直想写一本书,把美国法学院的生活写下来,同时把一些美国法学院的申请办法和途径写下来,为许许多多像我当年一样很迷茫而又充满追求的年轻人提供一些帮助。检索之后才发现,国内这方面的书的确很少,而美国却有不少介绍性书籍,这更坚定了我写作的欲望。

　　写书的过程是漫长的,虽然这本书理论性还不是很强,但是由于资料的整理和各种日常工作的挤压,这样一个小册子竟用了将近一年的时间。书中有很多是个人的感受,一些理论性的东西也是个人肤浅知识的积累,难免有不足之处,但想到能为年轻一代的学子们做一点什么,即使有限,也感觉甚为欣慰。

　　感谢我的父母、妻子和家人为我创造了良好的写作环境,能让我逃出琐事而埋首于卷幅之中,感谢我的同学给予的支持,能够容忍我不顾时差的咨询而耐心解答,感谢一切给我以支持的人们!

附录一：UNITED STATES STATE AND TERRITORY ABBREVIATIONS

Alabama	Ala.	Nebraska	Neb.
Alaska	Alaska	Nevada	Nev.
American	Samoa	New Hampshire	N. H.
Arizona	Ariz.	New Jersey	N. J.
Arkansas	Ark.	New Mexico	N. M.
California	Cal.	New York	N. Y.
Canal Zone		North Carolina	N. C.
Colorado	Colo.	North Dakota	N. D.
Connecticut	Conn.	Northern Mariana Islands	
Delaware	Del.	Ohio	Ohio
Florida	Fla.	Oklahoma	Okla.
Georgia	Ga.	Oregon	Or.
Guam		Pennsylvania	Pa.
Hawaii	Haw.	Puerto Rico	P. R.
Idaho	Idaho	Rhode Island	R. I.
Illinois	Ill.	South Carolina	S. C.
Indiana	Ind.	South Dakota	S. D.
Iowa	Iowa	Tennessee	Tenn.
Kansas	Kan.	Texas	Tex.
Kentucky	Ky.	Utah	Utah
Louisiana	La.	Vermont	Vt.

Maine	Me.	Virginia	Va.
Maryland	Md.	Virgin Islands	
Massachusetts	Mass.	Washington	Wash.
Michigan	Mich.	West Virginia	W. Va.
Minnesota	Minn.	Wisconsin	Wis.
Mississippi	Miss.	Wyoming	Wyo.
Missouri	Mo.	Washington, D. C.	D. C.
Montana	Mont.		

附录二:FEDERAL REPORTERS

Court	Official reporter, abbreviated	Unofficial reporter, abbreviated(publisher)	Unofficial reporter, abbreviated(publisher)
U.S. Supreme	U.S.	S. Ct. (West)	L. Ed. (LEXIS)
U.S. Circuit	F. ,F 2d, F 3d		
U.S. District	F. Supp. , F. Supp. 2d		
U.S. Court of Federal Claims	Fed. Cl		
U.S. Court of Int'l Trade	Ct. Int'l Trade	F. Supp. , F. Supp. 2d	
U.S. Bankruptcy Courts	B. R.		
U.S. Tax Court	T. C.		
U.S. Court of Appeals for Veterans Claims	Vet. App.		
U.S. Court of Appeals for the Armed Forces, Military Service Courts of Criminal Appeals	M. J.		

附录三：WEIGHT OF AUTHORITY

Authority	Primary or Secondary	Mandatory	Persuasive
U. S. Constitution	Primary	Always mandatory	
U. S. Supreme Court case	Primary	Always mandatory	
U. S. Circuit Court case	Primary	Mandatiry to circuit court itself and to federal district courts within deciding circuit	Very persuasive outside of deciding circuit
U. S. District Court case	Primary	Mandatory only to deciding court	Very persuasive within circuit, somewhat persuasive to other federal district courts
U. S. statute	Primary	Mandatory, preempts conflicting state statutes	
U. S. regulation	Primary	Mandatory if within scope of enabling statute	
State constitution	Primary	Mandatory instste and to federal district court sitting in diversity in that state	Persuasive in other states
State supreme court case	Primary	Mandatory only within appropriate state subdivision	Reasonably persuasive in other states
State appellate and trial court cases	Primary		Reasonably persuasive in comparable subdivisions
Restatements of Law	Secondary		Highly persuasive, often more so than persuasive case law

附录三：WEIGHT OF AUTHORITY

续表

Authority	Primary or Secondary	Mandatory	Persuasive
Treatises	Secondary		Can be very persuasive
Law review articles	Secondary		Can be quite persuasive, depending on author and topic match
ALRs, legal encyclopedias, etc	Secondary		Very little persuasive value

南开大学出版社网址：http://www.nkup.com.cn

投稿电话及邮箱： 022-23504636　　QQ：1760493289
　　　　　　　　　　　　　　　　　QQ：2046170045(对外合作)
邮购部：　　　　022-23507092
发行部：　　　　022-23508339　　Fax：022-23508542

南开教育云：http://www.nkcloud.net

App： 南开书店 app

　　南开教育云由南开大学出版社、国家数字出版基地、天津市多媒体教育技术研究会共同开发，主要包括数字出版、数字书店、数字图书馆、数字课堂及数字虚拟校园等内容平台。数字书店提供图书、电子音像产品的在线销售；虚拟校园提供 360 校园实景；数字课堂提供网络多媒体课程及课件、远程双向互动教室和网络会议系统。在线购书可免费使用学习平台，视频教室等扩展功能。